El hombre que murió

El hombre que murió

DAVID HERBERT LAWRENCE

Traducción y prólogo:
Gregorio Cantera

Clásicos Losada
Primera edición: enero de 2005
© Editorial Losada, S. A., 2004
Moreno 3362 - 1209 Buenos Aires, Argentina
Viriato, 20 - 28010 Madrid, España
T +34 914 45 71 65
F +34 914 47 05 73
www.editoriallosada.com
Distribuido por Editorial Losada, S. L.
Calleja de los Huevos, 1, 2º izda. - 33003 Oviedo
Impreso en la Argentina
Título original: *The man who died*
Traducción: Gregorio Cantera
Tapa: Peter Tjebbes
Interiores: Taller del Sur
Queda hecho el depósito que marca la ley 11.723
Libro de edición argentina
Tirada: 3.000 ejemplares

Lawrence, David Herbert
 El hombre que murió / David Herbert Lawrence; con
prólogo de Gregorio Cantera. - 1ª ed. 2ª reimp. - Buenos
Aires: Losada, 2004. 136 p.; 18 x 12 cm. - (Biblioteca
Clásica y Contemporánea. Clásicos Losada, 298)

ISBN 950-03-0637-9
Traducido por: Gregorio Cantera

1. Narrativa Inglesa I. Cantera, Gregorio, trad. y prólogo.
II. Título.
CDD 823

Índice

PRÓLOGO, por Gregorio Cantera   9

EL HOMBRE QUE MURIÓ
    Primera parte   35
    Segunda parte   79

Prólogo

En pos del hombre tiznado

Lo que sigue no es un prólogo al uso. Que nadie espere encontrar aquí un resumen del espléndido relato a que da acceso tan desnudo umbral. Por supuesto, no han de faltar algunos datos imprescindibles para situar al autor en su época; otra cosa es que él se mostrara conforme con las derivaciones de su pensamiento que se plasman a continuación. En este sentido, mejor sería hablar de una introducción. Pero tampoco es el foro adecuado para impartir una lección magistral. En todo caso, sería un proemio, un tributo. Valga, pues, tan sólo como gesto de reconocimiento, de gratitud a un escritor que nunca fue bien tratado. Como testimonio anónimo de gratitud a las turbas de humanos que, en el curso de los siglos, han recorrido la senda vital sin distraerse con los señuelos de una vida con minúscula. Es también un homenaje a todos los seres humanos que siguieron con discreción la estela marcada por Sísifo, desde Sócrates y los cínicos hasta Erasmo, desde la martirizada Hipatia de Alejandría hasta Marie de Gournay, la *fille d'alliance* de Montaigne, desde el callado sufrimiento de Spinoza hasta la indomable rebeldía de Albert Camus.

David Herbert Lawrence no fue acreedor de premios literarios en vida. Ni después de muerto, salvo en el ánimo de sus lectores. Todo lo contrario. Son muchos los prejuicios que rodean todavía a un escritor que siempre trató de escribir sobre la vida como viene. Si sus apreciaciones parecen equivocadas a veces, como es natural, nunca son inicuas, no hay rastro de infamia, de mezquindad. Ni fue un nihilista *enragé* ni un simplista al uso, en su época o en la nuestra, agitadoras perpetuas de una banalidad excluyente en aras de desvirtuados rasantes igualitarios o feudales. Es un retratista de la contradicción permanente que encierra la totalidad de la vida, porque se atrevió a habitar entre las complejidades de sus semejantes. Por eso, las coordenadas de este proemio se mueven en una dimensión tan plural de planos que cuesta dar con un quicio: no hay piedra angular, y de eso se trata a continuación, sin agachar la cabeza después de tantos siglos de devastación.

Contra farsantes

Un gallo, un matrimonio de campesinos, un corral, una casa de adobe, un hombre quebrantado por la luz hiriente de un amanecer. El deseo, la carencia del mismo, la fuerza de la vida, la atracción de la muerte, comer y descansar, mientras la pleamar de los seres vivos bulle alrededor. El desgarro de una vuelta al pasado, el frío, unas monedas a cambio de afecto, la impudicia de quien descarga el peso de su existencia en las enseñanzas de otro. La cerca de un corral, la longitud de un cordel, las vallas de una mansión. Tantos surcos, tantas rieras, senderos y recovecos que aturden y desorientan en toda segunda oportunidad, por inaudita que sea, o no.

Dicen que sólo así se cruzan montañas, y se alcanza la orilla del mar. Pero siempre hay más de lo mismo. Esclavos y capataces, amos y siervos, que se observan con sigilo, que no hay que salirse de las lindes marcadas por la costumbre, más si ésta cristaliza en el derecho romano que aún soportamos. Locura imperiosa de una sacerdotisa, aplacada y tenaz, como la diosa a la que sirve. Propiciar un encuentro, sin palabras casi, como aceptación del mal causado, del daño sufrido, de la deferencia hacia quien está por venir, del flujo y reflujo de una barca que sólo sabe del oleaje que la mece, ajena a la vida, con mayúsculas, que transcurre por debajo y por encima de las ondas que la arrastran, o la remansan.

Villas blancas, huertos escalonados de viñas, agujas de pinos y brillo argentino de olivos, bramido de olas, quehacer de esclavos –trabajar, aparearse, recogerse–, pétrea mirada de ineludibles amos, todo menos esquiva, órdenes sociales aceptados y establecidos, que nada tienen que ver con las sandalias y el zurrón del viajero, con las marcas de las cicatrices que conserva. Hasta se le antoja insolente la memoria de los lugares hollados. El mero recuerdo de su paso entre los hombres le induce a pensar en la nada, a sopesar un vacío que ni siquiera consigue acallar el hervidero vital que le asedia, ni voces destempladas, ni sentimientos que aletargan, que hasta embotan el rumor de la vida, en minúscula esta vez.

Merece la pena, sólo por eso, aferrarse a un gallo de corral y al cordel que le atora para que no atisbe en el más allá de sus gallinas astrosas, pedir dinero prestado, observar el paso del amor y de la muerte, siempre humilde y, como los silenciosos brotes que retoñan, esperar el escalofrío de cada amanecer, ignorar el recato con los conocidos, y renegar de los lazos que impone el azar de la genética, acechar sin calma la traición y marcharse, un poco más lejos cada vez, atraído sólo por el imán geodésico, contribución casual de unos pocos enlaces de carbono para dotarnos de humana apariencia. Confiar sin esperanza, como la flor del loto, en una luz recóndita, roja y fría, ardiente y violeta, de las que dejan huella, desmemoriada aunque certera, como si todos y cada uno de nuestros pasos aspirasen a ser la cópula irracional que nos incardina en verdades perecederas.

Un gallo canta, enardecido por los cloqueos que le llegan de otros corrales, testimonio irrefutable de la febril actividad reinante más allá del corral de cada cual. A la misma hora, un hombre malherido comienza a volver a su ser, en el fondo de una gruta, a oscuras, y su cuerpo experimenta el eterno cansancio de la tumefacción. Quizá no haya habido otro cuarto hijo de un minero de Eastwood (Arthur Lawrence, el padre), en el condado de Nottigham (East Midlands), o en cualquier otra parte del mundo, que mejor se haya servido de la liviandad del luto, del negro como las alas de un cuervo, para expresar con tan insólita delicadeza la sensación del hombre que abandona, ennegrecido, un pozo de turba negra. Para mancillar jarras y jarras de cerveza, con labios renegridos y, a continuación, estrellar con violencia las mismas manos negras en el cuerpo de la mujer con la que comparte su vida (Lydia Beardsall, la madre), eterna aspirante a una vida más llevadera y amable, prejuicio eterno, obligada por las circunstancias a descoyuntarse entre un ideal de cultura y el cuidado diario de una minúscula tienda de ropa. Así, más o menos, debían de ser las cosas en el año 1885, el 11 de septiembre, cuando un niño endeble, al que le impusieron los nombres de David Herbert, vio la luz en ese mismo poblado, de unos cinco mil habitantes, y diez explotaciones mineras a pleno rendimiento.

De carne y hueso

Tras un período normal de formación, becado, y dedicarse a muy distintos trabajos, obtuvo su calificación como maestro en el University College, de Nottigham. En 1908, comenzó a desempeñar funciones de tal en la Davidson School, de Croydon. Hasta 1912, año en el que hubo de abandonarlas tras manifestarse los primeros síntomas de la enfermedad que acabaría con su vida, la tuberculosis. Poco después, se fugó con una alemana, Emma Maria Frieda Joanna, baronesa von Richthofen (1879-1956), esposa de Ernest Weekley, un ex profesor de alemán de Lawrence. La mujer dejaría todo, incluso a sus tres hijos, por estar al lado del escritor, no sin algunos remordimientos en los primeros tiempos. En junio de 1914, ambos contrajeron matrimonio. Tanto el radicalismo de sus ideas, como el hecho de estar casado con una alemana no le facilitaron demasiado las cosas en la Inglaterra que se incorporaba a la primera de las contiendas mundiales de la humanidad. La impasibilidad, tan característica de algunos de sus compatriotas, le llevó a vivir un confinamiento real.

Hay testimonios de aquellos años de aislamiento, de la febril y ardiente actividad que cristalizaría, por ejemplo, en *Sons and lovers (Hijos y amantes)*.[1] Quizá el más vitriólico sea el que nos ha dejado Bertrand Russell, en el noveno de sus *Retratos de memoria y otros ensayos*.[2] Los presentó lady Ottoline Morrell, en Garsington Manor, cuando ésta ya había convencido a su marido, Philip, de que destinara aquellas dependencias a algo más patriótico que al esparcimiento de su esposa, sus múltiples aventuras y conocidos. Por ejemplo, transformar la propiedad en una granja en la que los objetores de conciencia del momento pudieran realizar tareas alternativas. Esto ocurría a comienzos de la primavera de 1916.

Según le explicaba a Russell la propia lady Morrell, "la esposa de Lawrence es la típica tudesca. Por si no lo sabes es baronesa, y él está absurdamente orgulloso de su linaje. Adora usar el papel de cartas con la corona. Supongo que es comprensible en quien es hijo de un minero. Hace cuatro años abandonó a su marido y tres niños para huir con Lawrence. No sabes cuánto poder tiene él sobre la gente.

---

[1] Aparecida en 1913, fue bien tratada por la crítica, pero no alcanzó el reconocimiento del público.
[2] Hay traducción al español de Manuel Suárez, en Alianza Editorial. Madrid, 1976.

Ella se enamoró de inmediato y lo abandonó todo. A pesar de toda su cháchara sobre sexo, no tienen hijos. Ahora sólo puede ejercer de madre con él, y creo que eso acabará con Lawrence".[3] Un año antes, se había publicado *The Rainbow (El arco iris),* novela que fue considerada obscena por parte de las mentes mejor pensantes de sus compatriotas.

Russell le invitó a que fuera a verle a Cambridge. Allí le presentó a Keynes y a varias personas más, todas del círculo de los *apóstoles*. Como es natural, Lawrence les odió a todos, apasionadamente. No resulta fácil de imaginar la relación entre el escritor y algunos de los paladines de dicho círculo, como Lytton Strachey, o el comedido Edward G. Moore, aunque este último no compartiera los desahogos sexuales de sus colegas. Poca era la irracionalidad, aparte de la exaltación de determinadas tendencias homosexuales y chismorreos diletantes, que podía aportar a la vehemencia of Lawrence aquel ambiente de brillante, pero discreto, academicismo. Sin embargo, Russell que, en más de una ocasión, se había visto en la picota como *el esclavo de la razón,* que no era, pensó que quizá, gracias a aquella oportunidad, adquiriría un barniz suficiente de irracionalidad co-

---

[3] Bruce Duffy, *El mundo tal como lo encontré*. Traducción de Susana Constante. Ediciones B. Barcelona, 1996.

mo para que no le afearan su talante. Algo que le permitiese, en definitiva, acariciar el depreciado equilibrio de una pretendida cultura clásica, que ni lo disfrutó el pacifista Russell ni al que jamás aspiraron los griegos, como nos enseña la historia, que no escatima argumentos en contra de aquellos a quienes adorna la insensatez de no indagar en lo subrepticio. Es un vicio al que todavía tendemos, por mucho que dos mil quinientos años lo hayan atemperado: el hoy como ayer inalcanzable, porque no existe, reposo arcádico.

Frente a algo, quizá de fácil encaje a orillas del río Cam, Lawrence defendía que, además de la cabeza y los nervios, la conciencia también se asentaba en otros pilares: "conciencia de la sangre que está en nosotros, y es independiente de la conciencia mental ordinaria. Uno vive, conoce y posee su propia existencia en la sangre, sin ninguna relación con los nervios y el cerebro. Ésta es la mitad de la vida que pertenece a la oscuridad. Cuando poseo a una mujer, la percepción de la sangre es suprema. El conocimiento de mi sangre es abrumador. Debemos darnos cuenta de que tenemos un ser de sangre, una conciencia de sangre, un alma de sangre completa y aparte de la conciencia mental y nerviosa".[4] Según Russell, ideas como éstas

---

[4] B. Russell, *op.cit.*, pp.111-116.

arrastraron al escritor a una vida de soledad y lo confinaron en la extravagancia, habitado como estaba por fantasmas tan altivos que hasta podría dar la impresión de que había desarrollado una teoría completa del fascismo *avant la lettre*.

Tras otro par de encuentros en Garsington, y la memorable escena del escupitajo al babuino en el parque zoológico de Londres, Lawrence y Russell dejaron de tratarse. "El hijo de minero había perdido toda la fe en la sabiduría del hombre trabajador. Llamaba *la serpiente de tres colmillos* al lema que proclamaba *Libertad, Igualdad y Fraternidad*."[5] Aunque Lawrence reconocía el elevado grado de desarrollo humano que encierran las tres palabras de la consigna republicana por excelencia, se veía obligado a confesar que no podía decir que fuera libre si, al tiempo, había de ser fraterno e igual a otros, porque eso, a sus ojos, reducía la combinación de igualdad y fraternidad a la más retorcida de las tiranías. Tal era el estado en que entonces se encontraba, convaleciente de su afección respiratoria, pequeño y encorvado, poco más de treinta años, cabello y bigotes pelirrojos, labios gruesos y fuerte acento. No cabe duda de que al finalizar la colaboración entre ambos hombres, "Russell sintió una aversión aún más fir-

---

[5] B. Duffy, *op.cit.*, pp. 354-369.

me que antes hacia ese lado irracional e impulsivo de la naturaleza humana".[6]

Y así Lawrence se vio expulsado de los templos académicos, de las esferas oficiales del saber, hasta el punto de ser tildado, como algunos años antes, tras abandonar su patria chica, de escritor dedicado a la innoble tarea de redactar *filthy books*. No en otro sentido van los ataques realizados contra él por parte de T. S. Eliot o Virginia Woolf. No hay que olvidar el corto y estrecho sendero *apostólico* que, desde Cambridge y por meandros de sobra conocidos, desemboca, de forma inevitable, en Bloomsbury.

Con la publicación de Women in Love *(Mujeres enamoradas)*, en 1921, el escritor fue, una vez más, objeto preferente de las iras de la más ramplona mojigatería. Lawrence nunca hubiera imaginado que, con el paso del tiempo, él, que prefería las canciones populares, por la ligereza que atrae de inmediato en toda creación genuina, frente a las composiciones sinfónicas, que le oprimían por demasiado elaboradas, según testimonio de su amigo Aldous Huxley, otro Russell, con Ken como nombre de pila y sin nobleza aneja al apellido, la llevaría al cine, en 1970, con el tí-

---

[6] Ray Monk, *Ludwig Wittgenstein, el deber de un genio*. Traducción de Damián Alou. Editorial Anagrama. Barcelona, 2002.

tulo de *The Music Lovers*,[7] biografía de P. I. Chaikovsky, que nada escatima en cuanto a sobrecogedor acompañamiento sinfónico se refiere. La novela, sin embargo, alcanzó buenas ventas en Estados Unidos, lo que decidiría al matrimonio Lawrence a instalarse en el extranjero, lejos de la detestada Inglaterra. No en vano, cuatro años más tarde, en 1925, aparecería *St. Mawr*, novela corta que, según F. R. Leavis, abre la puerta al primer entendimiento cabal de los Estados Unidos desde una perspectiva literaria.

A partir de 1919, los hábitos vitales de la pareja se tornaron nómadas, con viajes por toda Europa, y también Australia, Ceilán, México y Nuevo México. Como su salud empeoraba cada día, en 1925, el matrimonio se asentó en Italia, en las cercanías de Génova, como tierra de acogida, con muy breves visitas a Inglaterra, la última de las cuales tuvo lugar en 1926. Muy debilitado ya por la tuberculosis, Lawrence dedicó sus últimos años a escribir y a pintar. El 2 de marzo de 1930 falleció en la ciudad de Vence, en el sur de Francia. Tenía 44 años. Aunque hay fotografías, como nunca permitió que le filmasen, ni concedió entrevistas, carecemos de documentos que nos revelen cómo sonaba su voz. Por otra parte, no queda ya ninguna de las personas que le trataron, y

---

[7] Estrenada en España con el título *La pasión de vivir*.

que pudieran desvelarnos algunos de los rasgos menos conocidos de su carácter. No en vano Inglaterra y sus censores le habían forzado a un exilio de casi doce años.

En Vence fue enterrado, con unos guijarros coloreados que figuraban un ave fénix sobre su tumba. Su mujer escogió la silueta del ave que renace de sus propias cenizas, porque tal había sido el emblema de Lawrence. Cinco años más tarde, Frieda ordenó la incineración de los restos, y el transporte de las cenizas hasta Taos (Nuevo México). Un ex militar, Angelo Ravagli, la persona a la que la baronesa encargó tan enojosa tarea y con quien contraería matrimonio en 1950, se desprendió de la infausta carga en el puerto de Marsella. De modo que, en América, hay una segunda sepultura, que sólo contiene una urna vacía. A las que hay que sumar, un tercer enterramiento, que dicen que se encuentra en Eastwood, su ciudad natal. La verdad es que las tres tumbas están vacías. Como en *El hombre que murió*.

A esos años de retiro, entre 1928 y 1929, corresponden otras de sus más reconocidas creaciones, entre ellas la novela que lleva por título *Lady Chatterley's Lover (El amante de lady Chatterley)* y el relato corto *The man who died*. Las vicisitudes de la novela son de sobra conocidas: desde la primera edición, a cargo de Orioli, en Florencia, y a expensas del autor, hubieron de pasar treinta años para que se produjese el pronunciamiento de sendas decisiones judiciales en Estados Unidos (1959) y Reino Unido (1960), que autorizaran la publicación íntegra de un texto, prohibido oficialmente por obscenidad hasta esas fechas.[8] En la defensa de la obra intervinieron Aldous Huxley y E. M. Forster, entre otros. Incluso T. S. Eliot, que tan poco apreciaba la totalidad de la obra de Lawrence, declaró su disposición a defender la firmeza del escritor frente a la censura y la prohibición de que era objeto, por considerarla un peligroso precedente para la libertad de expresión. Y eso a pesar de que, en su opinión, Lawrence adolecía del mismo defecto que Thomas Hardy, a saber, de la más absoluta carencia de sentido del humor.

Corazón en tinieblas

En cuanto al relato corto, el que aquí nos ocupa, parece obligado a retornar a ese oscuro núcleo de la noche que es la vida de cada minero, como el devenir de cada cual. Si no fuera porque, en el seno de las tinieblas, hasta el propio velo nocturno se descorre

---

[8] D. H. Lawrence, *Heroínas modernas*. Prólogo y traducción de Pilar Mañas. Celeste Ediciones. Madrid, 2001.

en ocasiones, rasgaduras en las que tiene lugar el encuentro con el otro, la exploración del semejante. Venturoso o desdichado azar que nos conduce a descubrir facetas de nosotros mismos ignotas hasta ese momento irrepetible.[9] Como si en medio de la noche, cada ser no llegara a darse cuenta de lo que es, de lo que representa su breve paso por la tierra, hasta que, gracias a la oscuridad, no se da de bruces contra otro. Lo que equivale a identificar, sin asomo de duda, el polvo negro del carbón, la negritud de una noche sin luna, la oscuridad del mar que sólo llegamos a abrazar gracias a su rumor azabache, el pene moreno y oscuro de Osiris perdido en las negras entrañas de la tierra o en las fuscas y sombrías distancias del cosmos, o en el huso ictíneo de una nada opaca y enmarañada, vórtice invisible que nos arrastra al más oscuro de los abismos.

Según ha contado un amigo de Lawrence, Earl Brewster, norteamericano y budista, la idea se le ocurrió al ver un huevo de juguete del que salía un polluelo blanco, durante una de sus excursiones por tierras italianas. De ahí que el primer título de la obra fuese *The Escaped Cock,* que luego se transformaría en *The Resurrection,* dado que estaba previsto que viese la luz en la publicación *The Forum.* El tí-

[9] Jeffrey Meyers, *D. H. Lawrence.* La Table Ronde. París, 1992.

tulo actual quedó fijado en 1931, cuando el autor ya había fallecido. Los editores de Londres y Nueva York recurrieron a una frase que se repite con frecuencia a lo largo del relato, que el propio Brewster califica como el más hermoso de los salidos de la pluma de Lawrence.

Hijo de su tiempo, buen conocedor de la negrura de su época, Lawrence no permaneció ajeno a la polémica de índole religiosa que se debatía entonces. Si los Evangelios transmiten las enseñanzas de un hombre que sufrió muerte de cruz, el eco de las controversias continentales sobre el final de los mismos no tardó en escucharse en la propia Inglaterra.[10] El nihilismo de Ibsen, Flaubert o Nietzsche no casaba bien con la arrogancia, por ejemplo, de una ascensión triunfante, entre cohortes angélicas, eco indudable de un ansia de revancha de los primeros cristianos frente a un mundo hostil, algo ajeno a las humildes enseñanzas de Jesús. Aunque corpórea, la ascensión resulta bastante irreal para la experiencia humana corriente.

A excepción de estos episodios finales, Lawrence siempre sintió un gran respeto, una profunda admiración por los textos evangélicos. Sin embargo, jun-

---

[10] Véase, por ejemplo, la novela de Samuel Butler, *El destino de la carne*. Traducción de Juan Jesús Zaro. Alba Editorial. Barcelona, 2001.

to con su actitud frente a la vida, las postreras vicisitudes del hombre, de cuya muerte dan fe, no encuentran fácil encaje en la vida diaria de cada cual. Pero, al contrario que los partidarios de borrar los instintos cristianos de la faz de la tierra y sustituirlos por las antiguas verdades del mundo griego, Lawrence apunta más bien al restablecimiento de un culto universal, cósmico. Con el único objeto de perfeccionar el cristianismo, de despojarlo de adherencias circunstanciales, de esos posos naturales que tiznan el devenir histórico hasta donde lo conocemos, y convertirlo en una religión viva y real.

La turba de apostillas helenísticas con que hombres como Juan y, sobre todo, Pablo, contaminaron el mensaje de fondo de un judío visionario, no sólo recarga el sublime testimonio del ungido con conceptos tan ajenos al mundo hebreo como el de *logos*, sino que el recurso a tantas y tan variadas circunstancias y acontecimientos excepcionales desvirtúa lo que se ha dado en llamar economía de la redención. Como se aproxima el final de los tiempos, ha llegado la hora de hacerse con el poder, antes de que el mundo sea consumido por el fuego. Hay que adaptarse, por tanto, a los oropeles al uso de que se revestían los poderosos del momento, para demostrar que, cuando menos, los cristianos son iguales, por no decir superiores, según la lógica de esa perversión tan humana que es el revanchismo. E imponerse sobre los demás. En lugar de conservar la simplicidad de los ritos, romanos y foráneos, tolerados en el panteón romano, el rencor de aquellas generaciones cristianas, tan próximas al mensaje primigenio y tan ansiosas por la parusía a un tiempo, tergiversan de tal forma las cosas que cualquiera que los observe con ojo crítico jamás llegará a comprender cómo un rabino revoltoso acabaría por identificarse con un constructor de puentes *(pontifex)* entre el hombre y los dioses. Y ya nadie acertará a decir si aquel demiurgo fue ángel o demonio, carne o espíritu, porque de lo que se trata es de acariciar el poder. E imaginar que, incluso el seno del Padre, ha de reproducir los ritos de aquel ya decadente imperio romano.

Con un aldabonazo capaz de arrumbar en el trastero del devenir histórico tanto rito y tanta pompa, más propios de idólatras, Lawrence recurre a vectores históricos –que no concuerdan con el orden cronológico en que sucedieron las cosas–, indicadores míticos –para mejor discernir los resplandores rojizos que, sólo en muy contadas ocasiones, llegan a percibirse desde nuestras existencias de ébano–, mojones con tintes sexuales –siempre la mujer, parlanchina y ansiosa de certezas y poder, o recogida y discreta, en su interna ebullición, como la sacerdotisa de Isis–, y la inevitable y universal presencia de la fuerza de la vida, del impetuoso curso que todo lo arrastra. Nos encontramos, sin quererlo, en costas muy alejadas desde luego de las atisbadas por aquel santo de Asís, al que Lawrence comparaba con una especie de *pastel angélico,* del que todos creen tener derecho a alguna rebanada.

En este cuento filosófico, la ruptura del eje histórico se produce en el mismo momento en que el protagonista reconoce que está habitado por tendencias mucho más elementales que la grandeza que otros le han atribuido por la proximidad de que hizo gala hacia sus semejantes. En palabras de Pierre Drieu La Rochelle, quien tradujo en 1934 esta obra, antes de abrazar el fascismo que le llevaría al suicidio, Lawrence ha construido un relato con rasgos de simplicidad homérica, o evangélica, como recurso para expresar la continuidad de lo cotidiano a lo largo de los siglos. Pero imposible desgajar moraleja palmaria alguna para orientar conductas, eso de lo que tanto se jacta toda narración con pretensiones filosóficas.

Sin embargo, da la casualidad de que, en medio del inacabable devenir, hay un dios que se pasea entre nosotros, porque es humano, demasiado quizá, para el gusto de quienes son más partidarios de la ortodoxia, de la rigidez. Del acercamiento a los hombres, sus semejantes, del Lawrence, fino observador y perspicaz, se deriva la plausible aniquilación de la más permanente y piadosa de las mentiras humanas: el dualismo. Sólo la perpetua vigilia que alimenta la sensibilidad y la talla de un verdadero escritor, como es el caso, capaz es de arrasar cualquier vestigio dualista. Como botón de muestra, la frase con que arranca la historia de lady Chatterley: "Ours is essentially a tragic age, so we refuse to take it tragically". No hay que olvidar que ambos textos son coetáneos, y no sólo en la elegancia de la solución dialéctica.

Como los hombres tienen tendencia a olvidar que la vida fluye gracias a esos mismos gestos cotidianos, en muchas ocasiones se hace preciso recurrir al mito. Más allá de los grandes hombres, sean triunviros o dictadores, y de ésos hubo muchos en la Roma clásica, hay que escuchar la palabra que transcurre silenciosa por esos linderos de la vida que son la vida misma, porque delimitan sus contornos. Y aceptar el hecho de una iluminación discreta, banal casi, que, con pálido destello nos limpia el hollín que ha depositado en nuestros rostros la fatigosa mina de la vida. Isis, que escudriña el universo entero, nos enseña cómo vivir al acecho, cómo no dejar de lado oportunidades que salen al paso, incluso en el eterno flujo de instituciones y doctrinas jurídicas, políticas y sociales, siempre engañosas, a pesar de la apabullante presencia con que se manifiestan en nuestras vidas. Gracias a eso comprendemos algo de lo que somos y dejamos de lado distracciones más que perecederas, aunque en nuestra interminable labor de búsqueda perdamos algún apéndice de Osiris.

Es probable que, como apuntó sir James George Frazer en *La rama dorada,* los ritos de iniciación al culto de Osiris pasaran por la representación de la muerte de los futuros adeptos, quienes renacerían a una nueva vida bajo la mirada amorosa y atenta de Isis, la esposa que indaga hasta reunir casi todos los miembros dispersos, la madre que ha de guiar los pasos de los nuevos conversos. De ahí a asegurar que, según Lawrence, el desarrollo de este relato sigue los metafóricos pasos por los que se produce la transformación del cuerpo del *hombre que murió* en *templo pagano,* para mudarse más tarde en *el útero* de la sacerdotisa del recinto, ya grávido, parece más propio de interpretaciones budistas del ciclo vital que de aproximaciones verosímiles de los propósitos del propio autor.

Si hacemos caso de algunas de las apreciaciones de sus coetáneos, nos quedaríamos con la idea de que Lawrence fue un hombre opuesto al racionalismo, un vitalista contrario a la intelectualidad, un apóstol de la libertad sexual, un pansexualista en suma. Sin embargo, si se procede a una lectura menos tendenciosa, lo menos que habría que reconocer es que las urgencias del sexo que apuntaló nos instalan en la cotidianidad, nos devuelven al reconocimiento de la normalidad de algunas de nuestras funciones, demasiado desgastadas, disfrazadas quizá por el paso del tiempo, o por el peso de la civilización. En un ensayo de 1929, *Leave Sex Alone,* Lawrence afirma que "mientras pensemos y hablemos de ello, mientras desterremos el sexo a nuestras mentes, no lo consumarán nuestros cuerpos". La adaptación de los humanos que somos al medio social ha de producirse en la tensión suprema que opone, durante cada segundo de nuestras vidas, la actividad reflexiva y la aceptación de nuestra constitución física. Lejos de un retorno al primitivismo religioso, se trata de una andadura sensata para quienes nos vemos privados de cualquier otro remedio que no pase por la senda del aprendizaje de la muerte.

En manos de Isis

Por esa inapelable senda de descuento hacia un final inaceptable por previsible, tanto el escritor como el hombre tienen que echar mano de recursos paliativos. En este relato, la sacerdotisa aplica ungüentos y aceites en las visibles cicatrices del hombre que murió, pero que está a su lado ante el altar de la diosa. Tales atenciones han de sobrepasar la empobrecedora experiencia ética, anestesiarla de algún modo, para abrirse a la relación física, siempre conflictiva, y tan inevitable como la muerte, entre hombre y mujer, entre seres humanos. Si la tensión entre sexos deriva hacia una deificación, es más que probable que se pierda la perspectiva de la complementariedad entre hombre y mujer en aras de una concepción que va más allá del embrión sensible, de la mera continuidad de la especie. Llegados a este punto, las presiones sociales para aceptar como trascendente un hecho que sólo es natural no dejan más alternativa que o plegarse a la noche irrespirable de la indolencia, que nada pone en cuestión, o buscar un aire distinto, igual de lechoso pero más vivificante, en la vida que se agita más allá de lo cotidiano.

En cualquier caso, más vale no despertar nunca a la soldadesca que rodea el sepulcro. El drama no es como lo cuentan quienes tan a pecho se toman lo que parece ser el estado natural del mundo, a saber, una crisis permanente. La impuesta brevedad biológica perturba con su peso el vaivén permanente de la vida, con su súbito e inevitable final, obliga a la parquedad en todo lo que tenga que ver con la consideración del mundo, el de cada uno, como algo convulso. En lugar del ajetreo del gallo, de sus picotazos, del balanceo convulso de su cuerpo, que ni las alas consiguen equilibrar, es preferible pasar con sigilo entre los sicarios, que siempre, siempre aparentan dormir tan sólo. La indiscreción no nos depara más que quebrantamientos, cuartea la piel y taladra los huesos. Quienes se ufanan de haber encauzado la vida, la suya y la de los demás, son sayones que vigilan las esclusas con las que sus amos han pretendido regular las relaciones entre hombres, para mejor distribuir un caudal que siempre les permita mantenerse a flote. Si se pregona la cordura como forma de apurar hasta el final el vaso vital e irredento que nos toca llevarnos a los labios, la inteligencia tensada por tales insensatos no nos deparará más sinsabores que la quietud del sigilo.

Las hordas que vigilan las acequias no descansan nunca. Además, son invencibles. Con emoción formidable, pero recatada, hay que llegar a reconocer los peligros reales que representan los carceleros de la vida. Y aprender a sortearlos. Avanzar a tientas, pero sin perder el paso que marca el baile de la vida. Recobrar la confianza en la noche, a pesar de la erosión impuesta por quienes detentan el poder. Plegar las velas del alma, jirones de algo que pudo ser, y adaptarse a una disciplina sin abstracciones, que nos encuentre siempre dispuestos para el más íntimo de los abrazos con la naturaleza. Con la medida del tiempo, con la mesura del silencio. Sin metas, sin ideales. Arrastrados por la pasión de una sabiduría que jamás consentirá en que lleguemos a encontrarnos a nosotros mismos, si no es, a empellones caso de que sea preciso, en los otros. Adheridos con tenacidad a una lava que fluye hasta el mar, sin otra luz que la umbría, sin más canto que el de una constelación muda para, al fin, caminar por la vida como sobre las aguas. Pero que nadie crea que es un prodigio. Porque los milagros no están ni más allá ni más acá, acaecen en la vida de cada día.

En la agitación que sólo unos pocos han decretado como el equivalente de una vida sostenible, tanto el origen del mundo, de las especies, como su final, sólo indican términos desapasionados que esos mismos se han encargado de transformar en simplezas, mediante el subterfugio de que así no habremos de sufrir percance alguno. Piedras y cercas, flores y mirtos, caminos y callejas son las piezas imprescindibles que configuran la única pasión irresistible, la de resignarse a morir en vida, en encrucijadas en las que dejarse la piel. No hay dualismos sensibleros que valgan, que todo es vida. Poco merece la pena sacar una idea adelante si nos apartamos del dislate de nuestra andadura sin fin, o nos aferramos al espejismo de que somos capaces de hacer cosas con palabras. Tan monstruosas criaturas acabarán por echarnos del camino o, lo que es peor, por entretenernos en torvas, que no doctas, consideraciones. Sin darnos cuenta, nos habremos apartado de la descomposición cromática del arco iris. Y habremos renunciado a la caricia secreta por la que, desde siempre, suspira el loto en su seno. Bajo la mirada escudriñadora de Isis, que nos sigue hasta en nuestra renuncia.

Gregorio Cantera

Primera parte

Había una vez, en las proximidades de Jerusalén, un campesino, que adquirió un gallo de pelea de lamentable aspecto, animal que, en el transcurso de la primavera, llegó a desarrollar hermosas plumas, y que, para el tiempo en que las higueras pierden las hojas con que aderezan los extremos de sus ramas, se había convertido, gracias a su curvo gaznate anaranjado, en un magnífico ejemplar.

El labrador era pobre. Vivía en una casucha de adobe, cuyo único desahogo consistía en un pequeño patio destartalado, donde había crecido una resistente higuera. A diario trabajaba duro en los olivares, trigales y viñedos de su señor, y siempre regresaba para dormir a aquella casa de atoba, situada al borde de un sendero. Pero estaba orgulloso de su lozano gallo. En aquel mismo patio tenía también tres escuálidas gallinas, que ponían unos huevos miserables, desperdigaban por doquier las escasas plumas que lucían y producían increíbles cantidades de suciedad. En una de las esquinas, bajo un techado de paja, se cobijaba un asno taciturno que, con cierta frecuencia, utilizaba el campesino para ir a su trabajo, aunque algunos días lo dejaba en casa. No hay que olvidar a la esposa del agricultor, una mujer bastante joven, de cejas negras, y no muy inclinada a trabajar, pues sus ocupaciones se limitaban a echar un poco de grano, o las sobras de las gachas de la comida, a las gallinas, y a segar, con ayuda de una hoz, algo de forraje verde para el burro.

Con el tiempo, aquel polluelo se convirtió en un gallo que llamaba la atención. Por algún capricho del destino, en aquel sucio patín, habitado por tres remedos de gallinas, era todo un gallito. Y pronto aprendió a estirar el cuello y a responder con agudos graznidos al canto de los otros gallos, que vivían más allá de su cercado, en un mundo desconocido para él. Emitía con vehemencia su quiquiriquí, porque los reclamos de aquellas aves lejanas le producían una insólita ansiedad.

"Mira cómo canta" –dijo el campesino, al tiempo que se levantaba de la cama y se pasaba por la cabeza la túnica de diario.

"Ése puede con veinte gallinas" –replicó la mujer.

El campesino se asomó a la ventana y contempló con orgullo al pollo, aquel gallo descarado y esplendoroso, que ya había trabado conocimiento íntimo con las tres astrosas gallinas. Pero el gallito ladeaba la cabeza para mejor escuchar los desafíos de los gallos invisibles y lejanos del mundo desconocido: eran voces fantasmales que, misteriosamente, le instaban a abandonar su limbo, y a las que respondía con sonoros desafíos, sin amilanarse jamás.

"El día menos pensado se nos escapa por ahí" –comentó la mujer del campesino.

Así que le tentaron con grano, lo atraparon y, aunque se resistió con alas y patas, le ataron por una de ellas a una cuerda, y se la ciñeron por encima del espolón; el otro extremo del cordel lo aseguraron al poste sobre el que descansaba el techado que resguardaba el reducto del asno.

Una vez libre, el gallo dio unas cuantas zancadas encabritadas, como muestra de su indignación hacia los humanos; llegó hasta donde la cuerda se lo permitía, dio un tirón y una sacudida de la pata que tenía atada, y rodó por el suelo al instante. Para horror de las miserables gallinas, se revolvió con furia en aquella hedionda superficie, hasta que, tras revolcarse en la inmundicia, consiguió ponerse en pie, postura en la que se mantuvo, como si se hubiera detenido a reflexionar. Tanto el labrador como su mujer se echaron a reír con ganas, y el gallito los oyó. Fue entonces cuando supo, con melancólico presentimiento, que estaba amarrado por una pata.

No volvió a hacer cabriolas, ni a agitar ni a erizar las plumas. Dentro de los límites de la soga, caminaba con gesto sombrío. Aun así, se las apañaba para apoderarse de las mejores raciones de comida, y hasta apartaba alguna tajada especialmente suculenta para la que consideraba su gallina preferida en cada momento. Incluso se abalanzaba con estremecida y violenta ferocidad sobre aquel ejemplar de su triple harén que, por descuido, caía dentro de su campo de acción, mientras emitía imperceptibles y seductores reclamos. Y respondía desafiante a los cantos de los otros gallos que, al amanecer, se escuchaban más allá de su limbo.

Pero comenzó a dar muestras de una feroz voracidad en la manera de engullir el alimento, mientras daba muestras de circunspección en la celebración de sus éxitos, cuando caía sobre una de aquellas pobres gallinas. Su canto, sobre todo, había perdido el dorado timbre que lo caracterizaba. Estaba atado por una pata, y lo sabía. Tanto su cuerpo como su alma y su espíritu estaban unidos a aquella cuerda.

En su fuero interno, sin embargo, su arrojo vital permanecía intacto. Tenía que romper aquella soga. Y una mañana, justo antes del amanecer, tras despertar con repentinas y renovadas fuerzas, dio un salto hacia delante, se ayudó con las alas, y la cuerda se rompió. Emitió un extraño y salvaje graznido, se encaramó de un salto hasta lo alto del cercado y, una vez allí, cantó con fuerza penetrante. Armó tal escándalo que el campesino se despertó.

En aquel mismo momento, y a la misma hora, anterior a la amanecida, de aquella misma mañana, un hombre, amortajado, despertaba de un largo sueño. Se sintió frío y entumecido, en aquel agujero excavado en la roca. Durante su larga modorra, había percibido que su cuerpo estaba completamente magullado, y aún seguía muy dolorido. Aunque no abrió los ojos, supo que estaba despierto, anquilosado, helado, agarrotado, dolorido y amortajado. Gélidas vendas cubrían su rostro, y también sus piernas, juntas. Sólo las manos tenía libres.

Tomó conciencia de que, si así lo quería, podía moverse. Pero no sintió deseo alguno de hacerlo. ¿A quién le gustaría volver a la vida después de la muerte? Ante la idea de realizar cualquier movimiento, notó cómo se removía en su interior una sensación de profunda náusea. Se sentía realmente mal por el hecho de haber recuperado la conciencia, esa extraña y desmedida conmoción que había tenido lugar en su ser. No había deseado tal cosa. Hubiera preferido permanecer allí, en aquel lugar, donde hasta la memoria era como un pedrusco muerto.

Como cuando se recibe una misiva devuelta, algo había vuelto a él, aunque permanecía anonadado por la náusea que aquel retorno le producía. Sus manos se movieron de repente; se alzaron frías, pesadas, doloridas. Las alzó para arrancar de su rostro las vendas que lo cubrían, para quitárselas de los hombros. Y las dejó caer de nuevo, frías, abotargadas, entumecidas, doloridas por el movimiento que habían realizado, y sin ganas de llevar a cabo ninguno más.

Una vez con la cara al descubierto y los hombros en libertad, se quedó tumbado de nuevo, yaciente, sumido en el reposo de la fría nada de la muerte. Era lo que más le apetecía. Y casi logró instalarse en la desolada y absoluta nada de quien ya pertenece al otro mundo.

Pero, de repente, cuando ya estaba casi muerto, tensadas por el dolor que sentía en las muñecas, sus manos se alzaron de nuevo, y comenzaron a desliar las vendas que unían sus rodillas, y sus pies comenzaron a moverse, a pesar de que aún tenía el pecho helado y como muerto.

Finalmente, abrió los ojos, en la oscuridad. ¡La misma oscuridad! Aunque debía de haber una levísima grieta por donde una insoportable luz hendía aquella negra oscuridad. No fue capaz de levantar la cabeza. Cerró los ojos de nuevo. Una vez más, todo había terminado.

Súbitamente, se recostó, y todo le dio vueltas. Cayeron las vendas. Estaba embutido entre unas estrechas paredes de piedra, que le provocaron la misma angustia que padecen los prisioneros. La luz se filtraba por algunas hendiduras. Con un esfuerzo, nacido de la misma repugnancia que sentía, se inclinó hacia delante, en aquel angosto pozo de piedra, y dirigió sus manos debilitadas hacia las rocas, hasta el lugar por donde se colaba la luz.

La fuerza le vino de alguna parte, probablemente de la misma repulsión que experimentaba; se produjo un estruendo, y la luz entró a raudales. El hombre muerto se encontró agazapado en su cubil, mientras trataba de hacer frente a aquel insoportable torrente de claridad, y eso que apenas había amanecido. Hasta él llegó ese único hálito de penetrante vitalidad con que despunta el día, lo que significaba que estaba completamente despierto.

Muy despacio, con suma lentitud, salió a rastras de aquella celda de piedra, con los miramientos de quien sabe que ha sufrido gravísimos quebrantos. Dejó atrás vendas, sudario y aceites perfumados, y se puso en cuclillas, se apoyó en la pared de piedra, y buscó el olvido. Con inefable dolor, observó cómo sus maltrechos pies tocaban de nuevo el suelo y contempló aquellas escuálidas piernas, que habían perecido. Sintió dentro de sí un sufrimiento tan irreconocible, un dolor que tenía tanto que ver con la más completa decepción corporal, que optó por permanecer de pie, con una de sus maltratadas manos apoyada en el borde del sepulcro.

¡Estar allí! ¡Estar allí de nuevo, después de todo lo pasado! Contempló las vendas junto a sus pies muertos y, tras inclinarse, las recogió, las dobló y las introdujo en la cavidad rocosa que acababa de abandonar. Echó mano a continuación del sudario perfumado, se envolvió en él, como en una toga, y dirigió sus pasos hacia el pálido estremecimiento del alba.

Estaba solo. Tras haber muerto, se encontraba incluso más allá de la soledad.

Dominado todavía por una sensación de inefable desilusión, el hombre descendió, con sus pies doloridos, por aquella ladera rocosa, y pasó entre unos soldados que dormían junto a unos laureles silvestres, arrebujados en mantas de lana. En silencio, con los pies desnudos y maltrechos, envuelto en el blanco sudario, reparó un instante en los miembros inertes y hacinados de aquellos sayones. Aunque le resultaba repulsiva la visión de aquellos miserables cuerpos, no dejó de sentir una cierta compasión. Se dirigió hacia el camino, no fuera a ser que se despabilasen.

Como no tenía ningún sitio a donde ir, partió en dirección contraria a la de la ciudad que se encaramaba en las colinas. Despacio, siguió el camino que le alejaba de ella, y dejó atrás unos olivares, a cuyos pies, bajo el rocío matutino, languidecían rojas anémonas, rodeadas de hierba prieta, fuerte. El mismo mundo de siempre, la naturaleza, una avalancha de verdor; un ruiseñor, embriagador y melancólico, que canta dulcemente en unos matorrales junto a un arroyo; la naturaleza, el mismo e imperecedero mundo, tanto al amanecer como en el ocaso, y para el cual él ya había muerto.

Con los pies malheridos, continuó su camino, sin pertenecer a este mundo ni al que ha de venir. Ni de aquí ni de allá; sin ver, pero no ciego, sino aturdido, se alejaba de la ciudad y sus alrededores, sin dejar de preguntarse por qué lo hacía, dominado por la confusa sensación que le producía la náusea de la desilusión, pero con una determinación de la que no era del todo consciente.

Mientras andaba, en aquel estado de semiinconsciencia, junto a las piedras de la cerca de un huerto de olivos, le llamó la atención el penetrante y estridente canto de un gallo muy cerca de él, un sonido que le hizo estremecerse, como si hubiera recibido una descarga eléctrica. Por encima del camino, en una rama, vio a un gallo negro y anaranjado, y a un campesino, vestido con una túnica gris de lana, encaramado en lo más alto de un olivo. Tras saltar sobre la hierba, apareció otra vez el gallo negro y anaranjado, con su roja cresta y una cola de esplendorosas plumas.

"¡Atrapadlo, Señor! –gritó el campesino–; ¡que se me ha escapado!"

Tras esbozar una espontánea sonrisa, el interpelado extendió las enormes alas blancas de su sudario ante el ave saltarina. El gallo cayó al suelo, sin dejar de graznar y de agitar las alas. El rústico dio un salto. Se produjo un terrible batir de alas, al que siguió un zumbido de plumas, hasta que el campesino tuvo a buen recaudo, entre sus brazos, al gallo huido, con las alas replegadas, aunque el animal aún estiraba denodadamente la cabeza, y los redondos ojos se le salían de sus blancos párpados.

"¡El gallo, que se me había escapado!" –dijo el labrador, mientras tranquilizaba al pájaro con la mano izquierda y, sudoroso todavía, contemplaba la cara de aquel hombre envuelto en un blanco sudario.

Cuanto más miraba la macilenta y cadavérica cara del hombre que había muerto, más se descomponía el rostro del campesino, que se había quedado perplejo: aquel rostro de palidez mortal, al que le había crecido una barba negra, como a los muertos; aquellos oscuros ojos negros, abiertos como platos, como los de un cadáver; aquellas cicatrices, en su cerúlea frente. A pesar de toda su sangre fría, aquel hombre de campo se había quedado boquiabierto, incapaz como un niño de plantar cara a una situación así.

"¡No se asuste! –le dijo el hombre del sudario–; no estoy muerto. Me enterraron antes de tiempo. Por eso he vuelto a la vida. Aunque si me descubriesen, volverían a hacer lo mismo..."

Su voz transmitía un eco de antiquísimos agravios. ¡La humanidad! ¡Y más, los hombres revestidos de autoridad! Tan sólo podía hacer una cosa: fijó sus ojos negros e indiferentes en la furtiva y ansiosa mirada de aquel campesino, quien se acobardó, inerme ante aquella expresión de mortal indiferencia, de tan fría como resuelta determinación. Tan sólo acertó a pronunciar las palabras que más miedo le daban:

"¿Queréis esconderos en mi casa, Señor?"

"Sí; me gustaría descansar. Pero si hace algún comentario a alguien, ya sabe lo que le ocurrirá, que tendrá que comparecer ante la justicia."

"¿Yo? No diré una palabra. ¡Démonos prisa!"

Con miedo, el campesino echó un vistazo a su alrededor, mientras se preguntaba, mohíno, por qué se había metido en aquel lío. El hombre de los pies malheridos se encaramó penosamente al cercado del huerto de olivos, y siguió los pasos apresurados del taciturno labrador por el trigal verde que crecía bajo los árboles. Sintió, bajo aquellos pies que habían muerto, la fría suavidad del trigo nuevo, y percibió con claridad la dureza de su vida apartada. Contempló, en los salientes de las rocas, los tiernos y alicaídos capullos, grisáceos y plateados, de unas anémonas rojas. Pero también aquellas flores pertenecían a otro mundo. En el suyo, el hombre se encontraba solo, desesperadamente solo. Todo lo que veía a su alrededor formaba parte de un mundo que jamás había perecido. Pero él sí que había muerto, o le habían matado para sacarlo de ese mundo, y lo único que le quedaba era un gran vacío, una profunda náusea de amarga decepción.

Llegaron a una casa de adobe. Abatido, el campesino aguardó para ceder el paso a aquel hombre.

"¡Entrad, entrad! –le dijo–; ¡nadie nos ha visto!"

El hombre del blanco sudario penetró en aquella construcción de barro, seguido por un rastro de aromas de perfumes exóticos. El campesino cerró la puerta exterior, y franqueó otra interior que daba al patio, donde se encontraba el asno, tras unos altos muros para que nadie se lo robase. Con muestras de desasosiego, el campesino ató de nuevo al gallo. El hombre del rostro como la cera se sentó en una estera cerca del hogar. Se sentía agotado, casi sin sentido. Desde fuera, le llegó la voz susurrante del campesino: hablaba con su mujer, que había contemplado toda la escena desde la azotea.

Al poco, entraron ambos, y la mujer se cubrió el rostro. Sirvió un vaso de agua, y puso un poco de pan y unos higos secos en una bandeja de madera.

"¡Comed, Señor, comed! –dijo el labrador–; nadie nos ha visto"

Aunque el extraño no tenía ninguna gana, mojó un trozo de pan en el agua, y se lo llevó a la boca. Había que hacer por la vida. Pero toda ansia, hasta la de comer y beber, habían muerto en él. Se había levantado de su tumba sin desearlo, sin ganas de vivir siquiera, vacío de todo, menos de la abrumadora decepción que, como una náusea, le inundaba al recordar su vida pasada. Más profunda quizá que esa desilusión, más incluso que la conciencia recuperada, era aquella determinación carente de deseos.

El campesino y su mujer permanecían de pie en el marco de la puerta, y le observaban. Aterrados, se fijaron en las lívidas heridas de aquellas delgadas y pálidas manos, de los delicados pies, de aquel extraño; en las pequeñas laceraciones de aquella frente aún muerta. Con miedo, aspiraron el aroma de ricos perfumes que exhalaba su cuerpo, y repararon en el fino, inmaculado y caro lino. A lo mejor se trataba, en realidad, de un rey muerto, que regresaba de la región de las sombras, aunque todavía permaneciera en los helados y remotos dominios de la muerte, mientras de su cuerpo transparente emanaban aquellos aromas, como si proviniesen de alguna flor exótica.

Tras haber tomado con dificultad un poco del pan humedecido, alzó los ojos hacia ellos. Y los contempló tal como eran: limitados, de escasos recursos, carentes de toda gracia en cuanto a gestos o valor. Así eran: perezosas e inevitables partes del mundo natural. No poseían ningún rasgo noble, pero el miedo les obligaba a mostrarse compasivos.

Y el extraño se compadeció de ellos, una vez más,

porque sabía que reaccionarían mejor a la afabilidad, aunque sólo correspondieran con su torpe amabilidad.

"No se asusten –les dijo, sosegadamente–. Permítanme que me quede aquí, con ustedes, un poco de tiempo. No será demasiado. Luego me iré para siempre. Pero no se asusten. Nada malo les ocurrirá por culpa mía."

Le creyeron al instante, aunque el miedo no les había abandonado. Y ambos le replicaron:

"¡Quedaos, Señor, el tiempo que queráis! ¡Descansad! ¡Descansad tranquilamente!"

Pero estaban muertos de miedo.

Así que los dejó con sus cosas. El campesino se fue encaramado en el burro. Aunque el sol ya brillaba en todo su esplendor, en aquella casa oscura, con la puerta cerrada, el hombre se sintió otra vez como en la tumba. Y dijo a la mujer: "Preferiría echarme un rato fuera, en el patio".

Ella lo adecentó, y extendió una estera en el suelo. Al resguardo del cercado, el hombre se tumbó bajo el sol matutino. Desde aquella posición, contempló las primeras hojas verdes, vibrantes como llamas, en el extremo de las ramas de la higuera, que se perfilaban contra la desnudez del cielo primaveral. Pero el hombre que había muerto era incapaz de mirar; sólo estaba tendido al sol, que aún no calentaba demasiado, y no sentía deseo alguno, ni siquiera de moverse. Inerte por completo, se mostraba yaciente al sol, con sus piernas delgadas, unos brazos escuálidos y lechosos, mientras sus negros y perfumados cabellos le caían por las cavidades del cuello. Mientras permanecía en esa posición, las gallinas cloqueaban y picoteaban, y el gallo que se había escapado se agazapaba en una esquina, cautivo y con la pata amarrada.

La mujer del campesino estaba asustada. Había mirado a hurtadillas y, tras observar que no se movía, tembló ante la idea de que hubiera un hombre muerto allí, en su patio. Pero el sol calentó más; él abrió los ojos, y la miró. Y en aquel instante, de nuevo se sintió atemorizada ante el hombre que estaba vivo, pero que no hablaba.

Había abierto los ojos, y contemplaba de nuevo el mundo, reluciente como un cristal. Aquello era la vida, de la que él ya nunca formaría parte. Pero allí estaba, resplandeciente, fuera de su alcance, como el cielo azul y la desnuda higuera con sus minúsculos brotes verdes. Tan brillante como un cristal, pero el hombre no se encontraba dentro del mundo, porque carecía de todo deseo.

Y, sin embargo, allí estaba; no había perecido. Pasó el día en un estado similar a la inconsciencia y, al caer la tarde, entró en la casa. El campesino regresó, pero estaba asustado y no tenía nada que decir. El extraño tomó unas pocas judías. A continuación, se lavó las manos, se volvió de cara a la pared y permaneció en silencio. El matrimonio calló también la boca, mientras contemplaba a su huésped dormido. Dado que el sueño era un estado tan cercano a la muerte, aún podía dormir.

Cuando el sol salió de nuevo, volvió a tumbarse en el patio. El sol era lo único que le atraía, lo único que aún ejercía una cierta influencia sobre él, porque le obligaba a anhelar el fresco aire de la mañana que le penetraba por la nariz, a contemplar el azul del cielo allí arriba. No le gustaba nada el hecho de que le hubiesen forzado a estar encerrado.

En cuanto salió al patio, el gallo cacareó. Su canto era frío, desganado; en sus graznidos se percibía algo más profundo que un mero disgusto: la necesidad de vivir, incluso de proclamar bien alto el triunfo de la vida. El hombre que había muerto se puso en pie, y observó al gallo que se había escapado, otra vez allí, descompuesto, alzado sobre sus patas, con la cabeza estirada y el pico abierto, como un desafío de la vida frente a la muerte. Continuó con sus arrogantes cacareos que, aunque amortiguados por culpa de la cuerda que llevaba atada a la pata, no habían dejado de oírse. El hombre que había muerto echó una ojeada indiferente sobre la vida, y contempló, por todas partes, aquella vasta determinación que con tanta fuerza se exhibía en la cresta de las olas, tanto en bonanza como con tiempo revuelto, en las gotas de espuma procedentes del azul invisible, en el gallo negro y anaranjado o en las lenguas de verdor que brotaban en las ramas de la higuera. Todas las cosas y criaturas de la primavera se presentaban henchidas de deseo, de ganas de afirmarse. Eran como rizos de espuma de un enorme, oculto y poderoso mar, procedentes de una azul riada de deseo incorpóreo, que surgían por doquier, coloreados y tangibles, evanescentes, inmortales en el momento de su aparición. Y el hombre que había muerto contempló el gran salto a la existencia de las cosas que no habían muerto, pero no captó su trémulo deseo de existir, de ser. En su lugar, fijó su atención en aquel insistente y arrogante desafío hacia lo ya existente.

Con aquellos ojos que habían muerto bien abiertos, aunque todavía turbados, el hombre continuó echado, mientras contemplaba la eterna determinación de la vida. Entretanto, con su ojo inmóvil y plano, el gallo le devolvía la mirada vidriosa de cualquier ave. Pero el hombre que había muerto no veía sólo al animal, sino también la instantánea y acerada ola de la vida de la que el gallo no era más que la cresta. Observó los extraños movimientos de aquel ser mientras picoteaba y engullía sobras de comida; aquella mirada propia del ojo de la vida, siempre alerta y vigilante, arrogante y cauteloso; y su canto vital, graznido de triunfo y afirmación, aunque disminuido por causa de un cordel circunstancial. Y hasta le pareció oír el extraño parloteo de la vida misma, cuando el gallo imitó con gallardía el cloqueo de su gallina favorita al poner un huevo, a pesar de que aquel canto del macho adoptara el sepulcral acento que le imprimía la pata atada a una cuerda. El hombre le arrojó un trozo de pan, y oyó cómo el animal emitía un arrullo de increíble ternura, al tiempo que zarandeaba y ponía a buen recaudo el alimento para sus gallinas. Éstas acudieron con voracidad, y se llevaron el trozo de pan más allá del campo de acción que le permitía el cordel.

Orondo, el macho iba tras ellas, hasta que, de pronto, notó un tirón en el límite de su atadura que le obligó a desistir: se sintió hundido; decayó su entusiasmo; pareció encogerse; se habría agazapado en la sombra, a pesar de que aún era joven, como lo revelaban las plumas de su cola que, a pesar de tan lustrosas como lucían, aún no se habían desarrollado por completo. Aquella misma tarde, la marea de la vida que llevaba dentro le indujo a olvidar de nuevo. Cuando su gallina preferida comenzó a deambular con indiferencia cerca de él y emitió su canto para atraerlo, el gallo se precipitó sobre ella, con las plumas erizadas. El hombre que había muerto observó la inestable y oscilante vibración de aquel pájaro tan resuelto. Pero no fue en el macho en lo que se fijó, sino en la cresta de la ola de la vida, la misma que restalla a cada minuto en el vaivén de la marea del océano de la propia vida. Fue en aquel momento cuando tuvo la sensación de que el destino de la vida le resultaba más intenso y apremiante que el de la muerte. El hado de la muerte era como una sombra en comparación con el feroz destino de la vida, con el oleaje de la vida y su determinación.

Cuando cayó el crepúsculo, el campesino regresó a casa en el burro, y comentó: "¡Señor! Dicen que alguien ha robado el cuerpo del huerto, que la tumba está vacía y que han retirado la guardia. ¡Malditos romanos! Allí estaban unas mujeres, y lloraban".

El hombre que había muerto miró al hombre que no había muerto.

"Está bien –le dijo–. No comente nada, y estaremos a salvo."

El campesino se sintió aliviado. Tenía aspecto de sucio, de alelado: nunca resplandecería en él ni siquiera la gallardía de aquel gallo joven, al que había atado por una pata. Carecía de arrojo. Mas el hombre que había muerto pensó: "¿Por qué debería ser exaltado? Basta con remover los terrones para airearlos; no es preciso alzarlos. Que la tierra siga en su sitio, y que plante cara al cielo. Me equivoqué al tratar de ensalzarla, me metí donde no me llamaban. La reja del arado de la devastación hendirá el suelo de Judea, y la vida de este campesino será aventada, igual que un tabón. No hay hombre capaz de impedir que la tierra sea labrada. Se trata de eso, de cultivar, no de salvar...".

Contempló a aquel campesino, a aquel labrador, con compasión. El hombre que había muerto no sintió ni el más mínimo deseo de inmiscuirse en el alma del hombre que no había muerto, y que quizá nunca moriría, aunque sí que habría de retornar a la tierra. Que, llegado el momento, a ella regrese, y que nadie trate de entrometerse en lo que la tierra reclama como propio. Y el hombre doliente permitió que el labriego se apartase de él, porque carecía de la posibilidad de renacer. Sin embargo, el hombre que había muerto se paró a reflexionar: "Es mi anfitrión".

Al amanecer, cuando se sintió mejor, el hombre que había muerto se levantó y, de nuevo lentamente, dirigió sus pies ulcerados hacia el huerto, porque en un huerto había sido traicionado y, también en un huerto, enterrado. Tras rodear unos macizos de laurel, cerca ya de la pared de la roca, vio que una mujer, vestida de azul y amarillo, rondaba por la tumba, y que introducía la cabeza, una vez más, por la entrada del sepulcro, honda como un pozo sin fondo; pero allí no había nada. Se retorció las manos, y sollozó. Cuando se alejaba, vio al hombre vestido de blanco, de pie, junto a los laureles, y dio un grito, no sin pensar que se trataba de alguien que la espiaba. Acto seguido, exclamó: "¡Se lo han llevado de aquí!".

Y el hombre le llamó: "¡Magdalena!".

La mujer se tambaleó, como si fuera a caerse, porque le había reconocido. Y él le dijo: "¡Magdalena! No tengas miedo. Estoy vivo. Me enterraron demasiado pronto, y he retornado a la vida. He permanecido oculto en una casa".

Sin saber qué decir, la mujer se postró a sus pies para besarlos.

"No me toques, Magdalena –le reconvino–. ¡Todavía no! Aún no estoy curado, ni he vuelto a tener contacto con los hombres."

La mujer se echó a llorar, porque no sabía qué hacer. Y él añadió: "Vamos a otro sitio, ahí entre los arbustos, donde podamos hablar sin ser vistos".

Con el manto azul y la túnica amarilla, ella le siguió por entre los árboles, hasta que él se sentó bajo unos mirtos. Y él le dijo: "Todavía no estoy recuperado del todo. ¿Qué habrá que hacer de ahora en adelante, Magdalena?".

"¡Maestro! –le respondió–. ¡Cuánto te hemos llorado! ¿Volverás con nosotros?"

"Lo que ha concluido, bien acabado está y, para mí, el final ya es pasado –le replicó–. El curso de agua fluirá hasta que no haya lluvia que lo abastezca; entonces, se secará. Para mí, aquella vida se acabó."

"¿Y renunciarás a tu victoria?" –le preguntó la mujer, con un dejo de tristeza.

"Mi triunfo –le respondió– consiste en que no estoy muerto. He sobrevivido a mi misión, y no sé nada más. En eso consiste mi victoria: he sobrevivido a la vida y a la muerte de mi irrupción en el mundo, pero todavía soy un hombre. Aún soy joven, Magdalena; ni siquiera he alcanzado la edad mediana. Estoy contento de que todo haya terminado. Así tenía que ser. Pero, ahora, estoy encantado de que todo haya concluido, de que ya haya pasado el día de mi intromisión. Han muerto en mí el maestro y el salvador. Y ya puedo dedicarme a mis cosas, a llevar mi propia vida."

Ella le escuchaba sin comprenderle del todo, aunque cierto malestar crecía en su interior, después de lo que le había oído decir.

"Pero, ¿volverás junto a nosotros?" –preguntó, con insistencia.

"No sé lo que haré –le contestó–. Cuando haya sanado por completo, lo tendré más claro. Pero mi misión ha concluido, igual que se acabaron mis enseñanzas; la muerte me ha librado de mi propia salvación. Magdalena, quiero llevar mi propia vida, la que me corresponda. Se acabó mi vida pública, esa vida en la que yo era importante. Ahora esperaré en la vida, sin decir nada, sin nadie que me traicione. Quise ser más de lo que abarcan mis manos y mis piernas, y me traicioné a mí mismo. Sé que juzgué mal al pobre Judas, porque he muerto, y ahora sé cuáles son mis limitaciones. Ahora puedo vivir sin luchar para imponerme, porque mi horizonte se acaba en la punta de mis dedos, y mis pasos no van más allá de donde me lleven mis pies. Sí, yo, el mismo que me entregaba a las multitudes, aun sin haber estrechado de verdad a nadie entre mis brazos. Pero Judas y los sumos sacerdotes me libraron de mi propia salvación, y pronto podré encarar mi destino, como un hombre que, desde el mar, arriba a cualquier playa, solo, un día cualquiera al amanecer."

"¿Quieres estar solo en adelante? —le preguntó la mujer—. ¿Qué fue de tu misión? ¿Era todo mentira?"

"¡Claro que no! Tampoco puede decirse que tus amantes de otro tiempo representaran nada. Fueron mucho para ti, pero tú recibías más de lo que dabas. Y viniste a mí para que te salvase de tus propias liviandades. Pero, en lo que se refiere a mi misión, también yo me excedí: di mucho más de lo que recibí, y también eso produce aflicción y vanidad. Pilatos y los sumos sacerdotes me libraron de mis propios excesos salvadores. No pretendas sobrepasarte en lo que a la vida se refiere, Magdalena, porque eso no es sino otra forma de morir."

La mujer sopesó tales palabras con amargura, porque había arraigado en su interior la necesidad de darse por completo, y no soportaba que nadie se lo reprochase.

"¿No volverás con nosotros? ¿Has vuelto tan sólo para ti?"

Percibió el sarcasmo de su pregunta, y contempló aquella hermosa cara, todavía surcada por una imperiosa necesidad de salvación respecto de la mujer que había sido, la hembra que manejaba a los hombres a su voluntad. Sobre ella planeaba todavía, como una sombra, la necesidad de verse libre de la decrépita y contumaz Eva, que a tantos hombres había abrazado, de quienes había recibido mucho más de lo que había dado. Otra forma de perdición, sin embargo, pendía sobre ella: quería dar todo, sin recibir nada. Y eso también resulta excesivo, cruel, para un cuerpo acogedor.

"No he resucitado de entre los muertos para ir en busca de la muerte otra vez" –le replicó.

La mujer clavó sus ojos en él, y observó el cansancio marcado en su lívido rostro, la tremenda desilusión de sus ojos negros, así como la indiferencia que la sustentaba. Al ver cómo le miraba, se dijo para sí: "Ahora resultará que mis propios discípulos querrán que muera de nuevo, y todo porque he regresado de una forma distinta a como ellos esperaban".

"Pero, ¿volverás con nosotros, vendrás a vernos? ¿Con nosotros, que tanto te amamos?" –le preguntó.

Con una leve sonrisa, le respondió que sí. Y añadió: "¿Tienes algo de dinero? ¿Me prestarías unas cuantas monedas? Te lo agradecería".

No llevaba mucho encima, pero se sintió encantada de ofrecérselo.

"¿Qué te parecería –le preguntó él–, si me fuera a tu casa, a vivir contigo?"

Ella le observó con sus enormes ojos azules, que emitían un extraño destello.

"¿Ahora mismo?" –le preguntó, con una singular entonación triunfal.

Y él, que en aquel momento se achicaba ante cualquier clase de victoria, propia o de los demás, le contestó: "¡Ahora mismo, no! Más adelante, cuando esté curado, y... haya vuelto a entrar en contacto con la carne".

Titubeó. Y supo en su corazón que nunca iría a vivir a casa de ella, porque se había percatado de aquel fulgor triunfal en sus ojos, de la imperiosa necesidad de dar. Con éxtasis, arrobada, ella le susurró: "Bien sabes que abandonaría todo por ti".

"¡No, no! ¡No es eso lo que te he preguntado!"

Como una lanzada en las entrañas, le invadió de nuevo una sensación de asco, la enorme náusea de la desilusión en cuanto a la vida que había conocido, y se acurrucó bajo los mirtos, sin fuerzas, aunque con los ojos abiertos. Ella le contempló de nuevo, y comprendió que no era el Mesías. El Mesías no había resucitado: todo, entusiasmo, ardiente pureza, arrobamiento juvenil, todo se había desvanecido. No era más que un hombre de mediana edad, descorazonado, dominado por una insuperable desgana, y con una voluntad tan firme que no habría amor capaz de doblegarla. No era el Maestro a quien había adorado, el joven exaltado y espiritual, aquel que había conmovido su alma. Estaba más cerca de los amantes que había conocido antes, pero poseído por una indiferencia mucho más acentuada en lo relativo a cuestiones personales, mucho menos sensible.

Y se vio despojada de su extático y angustioso sentimiento de adoración. Aquel hombre resucitado representaba la muerte de sus sueños.

"Debes irte ahora –le dijo–. No me toques, porque pertenezco aún a la muerte. Regresaré a este mismo lugar dentro de tres días. Ven si quieres, al alba, y hablaremos de nuevo."

Conturbada y apesadumbrada, se alejó de su lado. Mas, mientras caminaba, su mente desechó la amarga realidad, recreó su capacidad de éxtasis y asombro, y decidió que el Maestro había resucitado, que no estaba muerto. ¡Había regresado el Salvador, el único capaz de ensalzar, el hacedor de maravillas! Había resucitado, y no como hombre, sino como el mismo Dios: la carne no podía rozarle, y sería arrebatado al Paraíso. Se trataba del más glorioso y fantasmagórico de los milagros.

Mientras tanto, el hombre que había muerto se recogió en sí mismo y, lentamente, recorrió la distancia que le separaba de la casa del campesino. Se sentía feliz de regresar a aquel lugar, lejos de Magdalena y de sus propios discípulos. Porque aquellos labradores participaban de la inercia de la tierra y le permitirían descansar, sin atosigarle.

La mujer estaba en la azotea; le buscaba con la mirada. Tenía miedo de que se hubiera marchado, porque su presencia en la casa había tenido sobre ella el mismo efecto que un vino delicado. Se apresuró a abrirle la puerta.

"¿Dónde habéis estado? –le preguntó–; ¿por qué os fuisteis?"

"He ido a dar un paseo por el huerto. He visto a una persona amiga, que me ha prestado algo de dinero. Aquí tiene."

Y extendió su esquelética mano con la pequeña suma que representaba todo lo que Magdalena le había entregado. Como no andaban bien de dinero, brillaron los ojos de la mujer del campesino, quien exclamó: "¡Oh, Señor! ¿De verdad es para mí?".

"¡Ahí lo tiene! –le replicó–; sirve para comprar pan, y el pan nos da vida."

Y fue a tumbarse de nuevo en el patio, del todo aliviado por encontrarse otra vez solo. Con aquellos campesinos podía estar a solas, cosa que sus propios amigos jamás le permitirían. En la seguridad que le daba aquel patio, hasta el gallito le resultaba agradable, incluso si graznaba con aquel incomparable entusiasmo suyo por la vida, aun cuando su canto finalizase en la insalvable humillación de estar atado por una pata. Aquel día el burro estaba en el cobertizo, y meneaba el rabo. El hombre que había muerto se tumbó, y se apartó de la vida por completo, dominado por la enfermedad de la muerte en vida.

Pero la mujer le llevó vino, agua y unos dulces; se despabiló; y comió un poco por complacerla. Hacía calor aquel día y, cuando ella se agachó para servirle, él contempló, bajo su túnica, cómo se agitaban los pechos de aquel humilde cuerpo. Supo que ella, joven y no desagradable como era, anhelaba que él la deseara. Y él, que nunca había conocido mujer, la hubiera deseado de haber podido. Pero no sentía ningún deseo de ella, aunque se sintió ligeramente atraído por aquel humilde cuerpo inclinado. Era incapaz de fundirse con los pensamientos, con la vida interior de aquella mujer. Ella estaba encantada con el dinero, y ahora quería conseguir algo más de él. Y deseó que aquel cuerpo la estrechara. Pero su pobre alma era seca, corta de miras y pacata, y, aunque su cuerpo experimentaba cierto deseo, carecía del sentido de cálido agradecimiento ante un regalo. En voz baja, él le dirigió unas palabras afables, y se dio la vuelta. Se sentía incapaz de tocar aquel pequeño y triste cuerpo: ni la pobre y limitada vida de aquella mujer, ni la de ningún otro ser. Sin dudarlo siquiera, se apartó de todo aquello.

Aunque hubiera resucitado, había caído en la cuenta, finalmente, de que también el cuerpo gozaba de una vida propia a su manera, aunque, más allá de él, se extendiese la vida con mayúsculas. Era virgen, y le echaba para atrás la pobretona, pero ansiosa, vida de los cuerpos de cada cual. Ahora sabía que también la virginidad es una forma de deseo, y que el cuerpo está siempre dispuesto a dar y a tomar, a tomar y a dar, sin medida. Se daba cuenta también de que había regresado por una mujer, por las mujeres, esos seres que saben de la vida, con mayúsculas, del cuerpo, que no conocen límites para dar ni para tomar, y con las que podría fundir su propio cuerpo. Pero como había muerto, se había cargado de paciencia, porque sabía que tenía tiempo, toda una eternidad. Y no se dejaba guiar por impetuosos deseos, como tampoco se permitía entregarse a los demás ni adueñarse de nada para sí, porque había muerto.

El campesino regresó del trabajo, y le comentó: "Señor, gracias por el dinero; pero no era lo que pretendíamos: todo lo que tenemos es vuestro".

El hombre que había muerto se sintió entristecido, porque allí estaba aquel labrador, en el pobre y limitado cuerpo que le había tocado en suerte, mientras sus ojos brillaban astutamente con la esperanza de mayores y posteriores recompensas en forma de dinero. Cierto que el campesino le había cobijado gratuitamente, y había corrido el riesgo de no recibir nada a cambio. Pero las esperanzas que albergaba acrecentaban su sagacidad, porque no de otra madera están hechos los seres humanos. Cuando el agricultor se aproximó para ayudarle a incorporarse, porque ya había anochecido, el hombre que había muerto le dijo: "No me toque, hermano, porque aún no he subido al Padre".

El sol brilló aún un instante en toda su plenitud, y el gallo joven pareció más lustroso. Pero el campesino aseguró la cuerda, y el animal se sintió prisionero. Como, en aquel ser, la llama de la vida había alcanzado el punto de consunción, el ave miró de soslayo y con arrogancia al hombre que había muerto. Éste sonrió afablemente al animal, y le dijo: "Seguro que, de entre todas las aves, tú has subido ya al Padre". A modo de respuesta, el gallo emitió un graznido.

Cuando, al amanecer del tercer día, el hombre se dirigía al huerto, caminaba absorto, sin dejar de pensar en la vida del cuerpo con mayúsculas, la que va más allá de la pequeña y limitada vida de cada cual. Dejó atrás los tupidos macizos de laurel y mirtos, y se llegó hasta la roca, cuando, de pronto, observó que había tres mujeres junto a la tumba. Una era Magdalena; otra era aquella mujer que había sido su madre; la tercera resultó ser una mujer a quien conocía, llamada Juana. Alzó la vista y miró a las tres. Ellas le vieron, y sintieron miedo.

Se paró a cierta distancia, porque sabía que le iban a exigir que regresase físicamente. Pero él no quería volver con ellas en modo alguno. Desde su palidez, en aquella mañana gris que amenazaba lluvia, las vio y se alejó. Pero Magdalena echó a correr tras él.

"No he sido yo quien las ha traído –le dijo–; vinieron por sí mismas. Te he conseguido más dinero... ¿No vas a hablar con ellas?"

La mujer le dio unas monedas de oro; él las tomó, y repuso: "¿Puedo quedarme con este dinero? Lo necesitaré. No puedo hablarles, porque aún no he subido al Padre. Tengo que irme".

"Y, ¿adónde vas?" –gritó la mujer.

Él la miró, y percibió cómo se aferraba al hombre que en él había muerto, y que muerto estaba; al hombre que había sido en su juventud, cuando llevaba a cabo su misión, al casto y apocado; a lo que había sido su vida con minúsculas, cuando daba sin tomar nada a cambio.

"¡Tengo que subir hasta el Padre!" –le respondió.

"¿Vas a dejarnos así? ¡Ahí tienes a tu madre!" –le espetó, con aquella angustia familiar, que todavía le resultaba agradable.

"Debo ascender hasta mi Padre" –le replicó–. Dio unos pasos hacia atrás, en dirección a los matorrales, se volvió y se fue, mientras decía para sí: "No pertenezco a nadie, y carezco de ataduras; misión o evangelio se han alejado de mí. Y aun así no puedo hacer mi propia vida. ¿Qué tengo que salvar?.. Aprenderé a estar solo".

Y regresó a casa del campesino, al patio en el que estaba el gallo joven, atado por una pata, con un cordel. Y no deseó estar con nadie, porque era mejor permanecer a solas, y la presencia de la gente le hacía sentirse solo. El sol y el sutil ungüento de la primavera curaron sus quebrantos. Hasta comenzó a cerrarse la herida abierta de la desilusión que le traspasaba las entrañas. Y también notaba los progresos de la curación en cuanto a lo que necesitaba de hombres y mujeres, en el ardor que ponía en poseerlos y en verse salvado gracias a ellos. Algo había sucedido entre él y el género humano, porque, en adelante, se aproximaría a ellos sin entrometerse, sin apremiar. Y comentó para sí: "Traté de forzarles a vivir; por eso, ellos me obligaron a morir. Siempre ocurre eso cuando alguien atosiga: la cautela frena cualquier avance. Ha llegado mi hora de estar solo".

En consecuencia, no volvió por el huerto. Pero gustaba de tumbarse y mirar al sol; de caminar, al atardecer, entre los olivos retorcidos o por el trigo verde, que crecía un palmo cada día que hacía bueno. Y no dejaba de pensar: "Qué bien que ya haya concluido mi misión, y que me encuentre más allá de todo. Ahora podré estar solo, y que las cosas sigan su curso, que la higuera sea estéril si ése es su deseo, o que los ricos puedan serlo sin más. Lo que haga, sólo de mí depende".

Y los verdes brotes de las hojas de la higuera se desarrollaron con ayuda de la brillante, traslúcida y verde sangre del árbol. Y el gallo joven mejoró, y se puso más lustroso con el calor del sol, aunque seguía atado por una pata, con un cordel. Y el ocaso resultó aún más impresionante, cada vez más lejos de las bocanadas de aquel aire dorado y rojo. El hombre que había muerto tomó conciencia de todo eso, y pensó:

"La Palabra es como una mosca que nos molesta al anochecer. El hombre vive atormentado por las palabras, que son como moscas, y que le persiguen hasta la tumba, aunque éstas no puedan ir más allá. Yo ya me encuentro en una posición en la que las palabras no pueden morderme, y el aire está limpio, y no hay nada que decir: estoy a solas, dentro de mi propia piel, que es como la cerca de mi propiedad."

Se curó de sus heridas, y disfrutó de la inmortalidad de estar vivo, ajeno a toda inquietud. Porque en la tumba se había despojado de los lazos que conocemos como preocupaciones; allí había dejado el deseo de imponerse, que se afirma y se hace valer por sí mismo. Curado del desprendimiento de su propio ser, complacido en su fuero interno, sonrió para sus adentros en absoluta soledad, que es también una forma de inmortalidad.

Y se dijo: "Vagaré por la tierra, y no diré nada, porque nada resulta tan maravilloso como estar a solas, apartado, en un mundo de fenómenos cambiantes. No me fijé bien: cuando estaba en él, me cegó mi propia confusión. Erraré por el conmovedor y agitado mundo exterior, porque sólo la emoción, que vive en todas las cosas, me permite estar en perfecta soledad".

Hablaba consigo mismo, y decidió hacerse médico, porque todavía conservaba el poder de sanar a cualquier adulto o niño que le moviesen a compasión. Se cortó el pelo y se afeitó la barba, según los usos del momento, y sonrió para sus adentros. Se compró unas sandalias, una túnica adecuada y se cubrió la cabeza para ocultar todas aquellas pequeñas cicatrices. Y el campesino le preguntó: "Señor, ¿os iréis de nuestro lado?".

"Sí, porque ha llegado la hora de que vuelva con los hombres." Entregó una moneda al labrador, y le dijo: "Deme el gallo que se escapó, y que tiene atado por la pata. Quiero llevármelo conmigo".

A cambio de la moneda, el campesino le entregó el ave al hombre que había muerto. Y, al amanecer, el hombre que había muerto orientó sus pasos hacia el mundo exterior, para verse saciado de su propia soledad en medio de él. Pero ni siquiera entonces estaba completamente a solas, ya que, bajo el brazo, y mientras caminaba, llevaba el gallo, cuya cola ondeaba alegremente por detrás, y que estiraba la cabeza, preso de gran agitación, porque se aventuraba también, por vez primera, en el anchuroso mundo exterior, que capaz es de conmover hasta el cuerpo de los gallos. La mujer del campesino derramó unas lágrimas, y se metió en casa, como campesina que era, para echar otro vistazo a las monedas. Hasta le pareció que aquellas piezas de metal emitían maravillosos destellos.

Era un día soleado aquél en el que el hombre que había muerto se echó a andar. A medida que caminaba, miraba a todas partes; se hizo a un lado al paso de una recua que iba en dirección a la ciudad. Y se dijo:

"¡Sucio y limpio a un tiempo! ¡Qué extraño es el ancho mundo de las cosas! Soy el mismo, pero me siento apartado, mientras la vida bulle de maneras distintas. ¿Por qué me empeñaría en que ese borboteo fuera idéntico para todos? ¿Qué es lo que he predicado? Es más fácil que un sermón se apelmace como el fango, o se ciegue como un manantial, a que eso ocurra con un salmo o con un cantar. Me confundí. Y entiendo que me ajusticiaran por haber predicado. Aunque, finalmente, no lo han conseguido, porque he resurgido en mi propia soledad, y heredo la tierra, puesto que ya no tengo pretensiones sobre ella. Estaré solo en medio de este barullo. Para siempre, y esto es lo primero y fundamental, estaré solo. Tengo que arrojar a este pájaro a ese hervidero, porque tiene que hacer su vida. ¡Con qué pasión la contempla! En algún sitio, muy pronto, lo dejaré con unas gallinas. Y quizás alguna noche encuentre yo a una mujer que espabile mi cuerpo resucitado, sin que deba renunciar a mi soledad. Porque ha muerto el deseo en mi cuerpo, y ya no pertenezco a ningún sitio, bien lo sé. Este gallo resplandece en su estruendosa soledad, y aun así es capaz de dar respuesta a la llamada de las gallinas. Tengo que darme prisa en llegar a aquel pueblo que está más adelante, encaramado en la colina. Porque ya estoy cansado y me siento débil, y quiero cerrar los ojos a todo lo que me rodea."

Al apresurar la marcha con la esperanza de llegar pronto, alcanzó a dos hombres, que caminaban despacio, mientras charlaban. Como sus pasos eran sigilosos, les oyó que hablaban de él. Y los reconoció, porque les había conocido durante su vida, en el tiempo de su misión. Les saludó, pero no se dio a conocer, a la luz del atardecer. Ellos no se dieron cuenta de que se trataba de él. Y les preguntó:

"¿Qué fue de aquel hombre que decía ser rey y que fue condenado a muerte por ello?"

Con una sombra de suspicacia, ellos le respondieron: "¿Por qué quieres saber de él?".

"Le conocí, y he pensado muchas veces en él" –fue su respuesta.

Ellos le aseguraron: "Ha resucitado".

"¡Vaya! Y, ¿dónde se encuentra? ¿Cómo vive?"

"No lo sabemos, porque no nos ha sido revelado. Sólo sabemos que ha resucitado y que, dentro de poco, subirá al Padre."

"¡Ya! Y, ¿dónde está su Padre?"

"Si no lo sabes, es que eres un gentil. Su Padre está en los cielos, sobre las nubes y el firmamento."

"¿De verdad? Y, ¿cómo ascenderá hasta allí?"

"Será arrebatado en toda su gloria, como Elías, el profeta."

"¿Hasta el cielo?"

"Así es."

"Entonces no habrá resucitado en carne y hueso."

"Ha resucitado en carne y hueso."

"Y, ¿ascenderá así al cielo?"

"Nuestro Padre de los cielos se lo llevará con Él."

El hombre que había muerto no dijo nada más, porque no tenía nada más que decir, y las palabras sólo engendran palabras, como los mosquitos. Pero, los dos hombres le preguntaron: "¿Por qué llevas un gallo?".

"Soy curandero –les respondió–, y el gallo tiene poderes."

"¿No eres creyente?"

"¡Sí! Creo que este ave rebosa de vida y poderes."

Tras decir esto, siguieron su camino en silencio. Pero él se percató de que no les había gustado su respuesta. Y sonrió para sí, porque los hombres de mente estrecha son uno de esos peligrosos fenómenos que se dan en el mundo, ya que niegan el derecho de sus semejantes a permanecer solos. Cuando llegaban a las afueras del pueblo, el hombre que había muerto se plantó ante ellos, a la luz del crepúsculo, y les preguntó con su voz de antes: "¿No me reconocéis?".

"¡Maestro!" –exclamaron, llenos de miedo.

"¡Sí!" –les respondió, con un amago de sonrisa–. Pero torció de repente por una callejuela lateral, y cruzó las murallas antes de que tuvieran tiempo de reaccionar.

Llegó a una posada, donde había unos burros en el patio. Pidió unos buñuelos, y se los prepararon. Luego, se quedó dormido en un cobertizo. A la mañana siguiente, le despertó un tremendo graznido, al tiempo que el canto del gallo que llevaba le retumbaba en los oídos. Y vio al gallo de la posada, seguido por numerosas gallinas, que se aprestaba a pelear. Entonces, el ave del hombre que había muerto aleteó hacia adelante, y comenzó una pelea entre ambos. El posadero acudió a toda prisa para poner a salvo a su animal, pero el hombre que había muerto le dijo: "Si gana mi gallo, te lo regalo; si pierde, podrás comértelo".

Los dos lucharon encarnizadamente, hasta que el gallo del hombre que había muerto acabó con la vida del de la posada. Y el hombre que había muerto habló así al animal: "Tú al menos has alcanzado ya tu reino, y las hembras adecuadas. Tu soledad llegará a ser esplendorosa gracias al seductor aderezo de las gallinas".

Y allí abandonó al gallo, y se fue para introducirse más en el mundo exterior, que no es sino un vasto complejo de enredos y alicientes. Y se hizo a sí mismo una última pregunta: "¿De qué y para qué habría que salvar a este torbellino?".

Siguió su camino, a solas. Pero los pálpitos del mundo le parecían increíbles, a medida que observaba, por todas partes, aquel peculiar enredo de pasiones, circunstancias y coacciones, como si no hubiese nada más que el pavoroso insomnio del apremio. Lo que volvía locos a los hombres era el miedo, el temor ante la muerte definitiva. Y se vio obligado a cambiar de lugar continuamente, porque si permanecía en un mismo sitio, sus vecinos percibían el dominio que tenía sobre ese miedo y recibía amenazas. No había nada que pudiera hacer, porque, como en una insana afirmación de su propio ser, todo trataba de apremiarle, lo que representaba una violación de su soledad intrínseca. Una única obsesión se hacía presente en todas las ciudades, en todas las sociedades, hasta en cada uno de sus anfitriones: atosigar a cada hombre, a todos los humanos. Porque todos, hombres y mujeres por igual, estaban locos por culpa de aquel miedo egoísta ante su propia nada. Y pensaba en lo que había sido su misión, en cómo había luchado por que aflorase el amor en todos los hombres. Y sintió de nuevo la antigua náusea, porque no había relación posible sin que se produjese un intento, aunque sutil, de llevar a cabo algún tipo de apremio. Y él ya había sido urgido bastante, incluso hasta la muerte. La náusea abrió sus viejas heridas y las dejó en carne viva, y contempló de nuevo el mundo, pero con repulsión, temeroso ante su sórdido contacto.

Segunda parte

Desde las invisibles nieves del Líbano, soplaba con fuerza un viento frío, continental. Sin embargo, orientado al sur y al oeste, en dirección a Egipto, un templo recibía los cálidos rayos de un espléndido sol invernal que, en su poniente trayectoria hacia el mar, inundaban las coloreadas columnas de madera que lo sustentaban. Unos cuantos árboles impedían ver el mar, aunque se oía cómo rompían las olas y el susurro de los pinos. El aire se tornaba dorado en el atardecer. Vestida con una túnica amarilla, la mujer que atendía el culto de Isis permanecía de pie, mientras contemplaba las empinadas cuestas que bajaban hasta el agua, donde, agitados por el aire, unos cuantos olivos devolvían reflejos tan plateados como la espuma marina. Aparte de la diosa, estaba sola. Aquella tarde de invierno, la luz se prolongaba, vertical y magnífica, por encima del mar oculto, y acariciaba los montículos costeros. Caminó en dirección al sol por la arboleda de pinos mediterráneos y de robles de hoja perenne, hasta el lugar donde se alzaba el templo, una reducida lengua de tierra cubierta de vegetación, entre dos ensenadas.

En realidad, era muy poco lo que se podía andar. Permaneció de pie entre los troncos secos de los pinos más próximos al agua, junto a unas rocas lamidas y golpeadas por el mar, con el rostro vuelto hacia aquel horizonte en el que resplandecía el sol invernal. El mar se tornaba oscuro, casi añil, a medida que los penachos blancos de las olas se alejaban de tierra firme. La mano del viento le confería extrañas sombras, igual que los plateados reflejos de los olivos de la pendiente. No se veía embarcación alguna.

Tres barcas, sin embargo, estaban varadas en la abrupta playa pedregosa de una de las radas, cerca de una pequeña torre gris. En el borde del arenal había un cercado alto que rodeaba un huerto, cuya superficie ocupaba el escaso terreno llano que albergaba aquella bahía, y que ascendía, en sucesivas terrazas, por las empinadas cuestas que configuraban la costa. Allí, un poco más arriba, al abrigo de otra cerca, se alzaba una villa de una sola planta, blanca, blanca y solitaria, como la orilla en la que se encontraba, orientada hacia el mar. Arriba, mucho más arriba, donde los olivos dejaban paso de nuevo a los pinos, discurría un camino costero, que se encaramaba por encima de unos barrancos que se precipitaban en el mar.

La incomparable luz de aquel atardecer del mes de enero inundaba todo el paisaje. Como si todo formase parte de un gran sol: incluso el brillo, la esencia y la inmaculada soledad del mar; todo, un puro resplandor.

Agazapados en unas rocas que sobresalían del agua oscura y en incesante movimiento, dos esclavos medio desnudos preparaban unas palomas para cenar. Con una concentración digna de verse, atravesaban el cuello de cada uno de aquellos pájaros vivos y azulados, y dejaban que las gotas de sangre fuesen a parar a aquel mar abotargado; parecía que llevasen a cabo un sacrificio, algún ritual mágico. De amarillo y blanco, sola, como un narciso en invierno, la mujer del templo permanecía de pie entre los pinos de la pequeña península elevada que albergaba el santuario, y los observaba.

De pronto una paloma blanca y negra, de un blanco vivísimo, como un fantasma surgido del oscuro mar de más abajo, echó a correr, se lanzó al aire, se balanceó, planeó, se elevó y voló sobre los pinos, para irse tierra adentro hasta convertirse en una motita. Se les había escapado. La sacerdotisa oyó el grito de uno de los esclavos, uno de los trabajadores de la finca, un muchacho de unos diecisiete años. Alzó sus brazos hacia el cielo, furioso, mientras la paloma desaparecía, y así los mantuvo, desnudo, furibundo, joven. Se volvió a continuación y, en un acceso de rabia, atrapó a la chica, y la golpeó con un puño tintado de sangre de paloma. Ella se acurrucó y se protegió la cara, pasiva, temblorosa. Mientras, su ama los miraba. Fue entonces cuando distinguió a otro espectador, alguien desconocido, con un sombrero bajo y ancho, y un manto gris cosido a mano; un hombre de barba oscura, que estaba de pie en el pequeño arrecife rocoso que formaba el istmo de la península en la que se hallaba el templo. Reparó en él gracias a las ondulaciones de su capote gris oscuro. Él también la vio, a lo lejos, entre las rocas, como un narciso blanco y amarillo, por el revoloteo de la blanca túnica de lino que llevaba bajo un manto amarillo de lana. Ambos contemplaban a los dos esclavos.

De pronto, el joven dejó de golpear a la muchacha. Se inclinó sobre ella y la tocó, como si tratase de hacerle hablar. Pero, inerte, la chica permanecía en el suelo, con la cara vuelta hacia la roca pulida. El chico la rodeó con sus brazos y la levantó, pero ella se dejó caer como un muerto, aunque demasiado rápidamente como para que así fuera. Con encarnizada urgencia, el joven la tomó por las caderas y, tras darle la vuelta, la abrazó contra sí. A pesar de todo el esfuerzo que concentraba en sus hombros, la muchacha parecía desvanecida. Con gesto decidido, aunque inconsciente, el muchacho se entrelazó con ella, y le introdujo las manos entre los muslos para separárselos. Un momento más tarde, la poseía con el frenesí ciego y asustado de las primerizas pasiones juveniles. En fogoso delirio, con instantánea ceguera, su cuerpo joven y desnudo se estremeció sobre el de la joven. Luego, todo quedó en silencio, como si estuvieran muertos.

Aterrado, echó una ojeada. Despacio, miró a hurtadillas a sus pies, y se colocó el taparrabo. Primero, vio al hombre desconocido; luego, en unas rocas más lejanas, a la Dama de Isis, su ama. Cuando la vio, todo su cuerpo se encogió, amedrentado y, con un extraño movimiento de reptación, se escabulló como pudo hasta la puerta del cercado.

La chica se sentó, y le siguió con la mirada. Cuando vio cómo desaparecía, también ella miró a su alrededor, y contempló al forastero y a la sacerdotisa. A continuación, se dio la vuelta con brusquedad, como si no hubiera visto nada, para clavar sus ojos en las cuatro palomas muertas y en el cuchillo, que yacían en la roca. Y comenzó a arrancar las plumas más pequeñas que, con el viento, se elevaban como si fueran partículas de polvo.

La sacerdotisa miró a otro lado. ¡Esclavos! ¡Que el capataz se ocupase de ellos! Ella no tenía ningún interés en esa clase de asuntos. Por entre los pinos, regresó despacio hasta el templo, que seguía bañado por el sol, en el minúsculo claro, en mitad de aquella lengua de tierra. Era un pequeño santuario de madera, pintado de rosa, blanco y azul, en cuya fachada había cuatro columnas, también de madera, que se alzaban como tallos hasta los abultados brotes de loto egipcio que coronaban cada uno de los pilares, y que, abiertos, sujetaban el tejado, adornado con flores de loto y espinas en el friso exterior, que rodeaban todo el perímetro bajo los aleros. Dos peldaños de piedra conducían hasta el atrio, delante de las columnas; tras ellas, las puertas de acceso al templo estaban abiertas. Había un pequeño altar de piedra, con algunos rescoldos en el ara; unas oscuras manchas de sangre teñían las hendiduras.

Conocía aquel templo muy bien, porque ella misma lo había erigido, a sus expensas , y a él se había dedicado durante siete años. Allí estaba, rosa y blanco, como una flor, en aquel pequeño claro, que se recortaba contra los oscuros robles de hoja perenne. Las sombras del atardecer rozaban ya la base de las columnas.

Entró despacio en el santuario, cruzó la oscura nave interior, débilmente iluminada por una lámpara de aceite perfumado. Y una vez más, arrimó la puerta para cerrarla; y, por enésima vez, arrojó unos granos de incienso en el brasero emplazado ante la diosa. También una vez más, en la penumbra, se sentó ante la estatua para adentrarse en los sueños de la divinidad.

Se trataba de Isis; pero no de Isis, la madre de Horus: era una Isis Afligida, una Isis Escudriñadora. De mármol, policromada, la diosa alzaba su rostro y avanzaba uno de los muslos, como se apreciaba a través de los delicados pliegues de su túnica, en la angustia de su aflicción y de su búsqueda. Buscaba los fragmentos de Osiris muerto, muerto y dispersado en pedazos; muerto, fragmentado y repartido en trozos por todo el ancho mundo. Tenía que encontrar sus manos y sus pies, su corazón, sus muslos, su cabeza, su vientre, juntar todas las partes, y rodear con sus brazos aquel cuerpo reconfigurado hasta que entrase en calor y volviese a la vida, para que la abrazase y fecundase su útero. Durante años y años, había padecido aquel singular arrobamiento, aquel angustioso éxtasis. De ahí que su garganta y sus ojos huecos mirasen hacia dentro, en el atormentado misticismo de su batida; hasta el delicado ombligo de su vientre, como un pámpano, a través de la sutil y ceñida túnica, sugería la eterna y ansiosa turbación de su merodeo. A lo largo de los años, lo había recuperado trozo a trozo, corazón, cabeza, miembros, cuerpo. Pero aún no había dado con la última realidad, con el indicio definitivo para llegar a él, con lo único que podría devolvérselo realmente. Porque ella era la Isis del loto sutil, el útero que aguarda escondido y que, ya pimpollo, espera el roce de ese otro sol interior, cuyos rayos emanan de las masculinas ijadas de Osiris.

Sola. Tal era el misterio al que había dedicado la mujer siete años de su vida, desde los veinte hasta los veintisiete. Antes, de joven, había vivido un poco en todas partes, en Roma, en Éfeso y en Egipto, porque su padre había sido uno de los capitanes y conmilitones de Antonio, con quien había combatido y al lado de quien estaba cuando el asesinato de César y la oprobiosa época posterior. Tras caer en desgracia en Roma, se dirigió hacia Asia, donde encontró la muerte en unas montañas más allá del Líbano. Su viuda, abandonada toda esperanza de recuperar el favor de Octavio, se retiró a una pequeña propiedad que tenía en la costa de aquel país. Apartó así del mundo a su hija, quien, para entonces, era ya una hermosa joven de diecinueve años, y soltera.

En su juventud, la muchacha había conocido a César, y se había sentido acobardada ante la rapacidad de aquel hombre que era como un águila. En conversaciones acerca de los dioses y de la filosofía, había compartido muchos ratos con el magnífico Antonio, cuando éste lucía su más esplendoroso vigor y rezumaba masculinidad. Porque, desde niño, aquel hombre había sentido fascinación por los dioses, aunque se mofase de ellos y los olvidase en beneficio de su propia vanidad. Un día le comentó a la joven: "He sacrificado dos tórtolas a Venus en tu nombre, porque mucho me temo que tú no ofreces sacrificios a la dulce diosa. Dime, ¿por qué ocultas tu virtud en un interior tan frío? ¿No hay rayo o resplandor capaces de llegar hasta ella? Créeme; una joven debe abrirse al sol, cuando el astro se inclina ante ella para acariciarla".

Y los grandes y brillantes ojos de Antonio la contemplaron, chispeantes, mientras la envolvían con su calor. La joven sintió el maravilloso ardor de toda su masculina belleza, y una corriente enamorada recorrió todos sus miembros, todo su cuerpo. Pero él tenía razón: lo más recóndito de su vientre permanecía frío, casi helado, como un brote bajo la escarcha, a pesar de sentirse inundada por el fulgor de aquel hombre. Y Antonio, que respetaba al padre de la joven, quien, a su vez, la adoraba, se había apartado de ella.

Siempre pasaba lo mismo. Muchos hombres, jóvenes y viejos, se cruzaron en su camino. Por lo general, se encontraba más a gusto con los más mayores, porque le hablaban pausada y sinceramente, y no esperaban que se ofreciese como una flor al sol de su masculinidad. Una vez preguntó a un filósofo que si todas las mujeres habían nacido para entregarse a los hombres.

A lo cual, el anciano respondió con serenidad: "Pocas son las mujeres que esperan al hombre renacido. Porque, como bien sabes, el loto no puede dar siempre respuesta al ardiente calor del sol. Al contrario, inclina su corola oscura, la oculta en las profundidades y no busca agitación. Hasta que, una noche cualquiera, uno de esos escasos e invisibles soles, de los que ya han muerto y han perdido su brillo, resurge de entre las estrellas con un resplandor púrpura como jamás se ha contemplado y, al igual que las violetas, lanza sus prodigiosos reflejos bermellones en la noche. Es entonces cuando, como si recibiese una caricia, el loto se estremece, y brota de entre las aguas, y alza su hasta entonces reclinada cabeza, y se abre como ninguna otra flor; derrama los cálidos rayos de su deleite, y ofrece su suave y rico interior, muy superior al de ninguna otra flor, a la penetración de ese sol impetuoso, de oscuros tonos morados, que ha muerto y resurgido, y que no se exhibe. Pero ante los fugaces y dorados resplandores de soles que se dejan ver, como en el caso de Antonio, o de los ardientes soles invernales de los poderosos, como César, el loto ni se conmueve, ni se estremecerá nunca. Otros serán los soles que serán capaces de rasgar ese capullo. Hazme caso; aguarda por el que ha de renacer; espera hasta que notes el estremecimiento del capullo".

Y eso había hecho. Porque, en el universo romano, todos los hombres, ya fueran militares o políticos, eran presumidos, masculinos, espléndidos en apariencia, pero carentes de toda humildad en su interior.

Tanto Roma como Egipto la habían dejado sola, no habían sido capaces de provocarle emoción alguna. Era una mujer de los pies a la cabeza, que jamás se dejaría cegar por cualquier brillo superficial, ni aceptaría un matrimonio de conveniencia. Prefería esperar a que se produjese el estremecimiento del loto.

Fue entonces, cuando, en Egipto, se topó con Isis, de quien había captado su misterio. Se la llevó hasta las costas de Sidón, y compartió con la diosa el misterio de su afán. Mientras, su madre, que tenía ojo para los negocios, se sintió a sus anchas con la atención que le reclamaba aquella pequeña propiedad y sus esclavos.

Cuando la mujer puso fin a sus meditaciones, se incorporó para cumplir con los últimos y breves ritos de Isis, volvió a llenar la lámpara, abandonó el santuario y cerró la puerta. Fuera del templo, el sol ya se había puesto, y hacía frío en aquella hora del crepúsculo, entre los susurrantes árboles, que aún se movían a pesar de que la fuerza del viento había disminuido.

Desde la oscuridad de uno de los rincones de la escalinata del templo, surgió un desconocido con un ancho y oscuro sombrero en las manos. Era de tez trigueña, con una puntiaguda barba negra. "Señora, ¿podríais darme cobijo?" –preguntó a la mujer, que permanecía de pie, con su manto amarillo, un escalón más arriba, junto a una de las columnas pintadas de blanco y rosa–. El rostro de la sacerdotisa era alargado y pálido; llevaba recogido el cabello rubio oscuro con una fina redecilla dorada. Con indiferencia, contempló al vagabundo. Era el mismo que había visto mientras observaba a los esclavos.

"¿Por qué ha venido usted por el camino?" –le preguntó.

"Vi el templo, como una pálida flor en la costa, y me gustaría descansar entre los árboles de este recinto, con el permiso de la sacerdotisa de la diosa."

"Es Isis Escudriñadora" –le dijo, como respuesta a su primer comentario.

"Magnificente diosa" –contestó el extraño.

La mujer le contempló con recelo. Había una leve y remota sonrisa en aquellos ojos que la contemplaban, aunque el rostro hundido de aquel hombre revelaba sufrimientos. El vagabundo adivinó sus dudas, y trató de disimular.

"Quédese aquí, en los escalones –le dijo–; un esclavo le mostrará un refugio."

"Gracias sean dadas a la Dama de Egipto."

Calzada con unas sandalias doradas, la mujer se fue por el camino rocoso de aquella península con forma de joroba. Bajo su túnica blanca, se veían sus pies, hermosos y ebúrneos, mientras que, por encima de su capa azafranada, meneaba la cabeza, de color rubio oscuro, como si estuviera sumida en interminables meditaciones, como una mujer enredada en sus propios sueños. No sin cierta amargura, el hombre esbozó una sonrisa, y se sentó en uno de los peldaños a esperar. Se envolvió en su capote, porque el anochecer era fresco. Al cabo de un rato, apareció un esclavo en atuendo de faena.

"¿Ha solicitado usted refugio a nuestra ama?" –le preguntó, con insolencia.

"Así es."

"Pues, venga."

Con el descaro de todos los esclavos que han de atender a un hombre errante, el joven le condujo, a través de los árboles, hasta un pequeño barranco hendido en una roca, donde, casi sumida en la oscuridad, había una minúscula gruta, con un camastro preparado con los altos brezos que crecían en los más desolados lugares de aquella costa, bajo los pinos. El sitio estaba oscuro, pero no se oía el rumor del viento. Había un tenue olor a cabras.

"Aquí puede dormir –dijo el esclavo–; las cabras ya no vienen a esta parte de la isla. ¡Ahí tiene agua!" Y le indicó una pequeña cavidad en la roca, en la que un culantrillo orlaba una cantidad de agua equivalente a un sorbo.

Tras despachar su encargo con tanto desdén, el esclavo desapareció. El hombre que había muerto ascendió hasta la cima de la península, donde batían las olas. Oscurecía rápidamente, y ya se veían algunas estrellas. El viento se calmaba de cara a la noche. La escarpada vertiente que daba al mar estaba oscura, y se perfilaba contra las largas ondas de las olas bajo un cielo traslúcido. Tan sólo de vez en cuando, se veía el resplandor de un faro en dirección a la villa.

El hombre que había muerto regresó al refugio. Sacó un trozo de pan de un zurrón de piel, lo mojó en aquel poco de agua de lluvia y masticó lentamente. Después de comer y enjuagarse la boca, contempló una vez más las estrellas que, gracias al viento, brillaban en aquel límpido cielo, y arregló el brezo del camastro. Tras poner a un lado sombrero y sandalias, colocó la bizaza bajo una de sus mejillas, a modo de almohada, y se durmió, porque estaba muy cansado. Durante la noche, le despertó el frío que, fastidiosamente y a pesar del cansancio, se dejaba sentir. Fuera, brillaban las estrellas y todavía soplaba el viento. Se incorporó y se rodeó con sus propios brazos, aterido; a eso del amanecer, volvió a quedarse dormido.

Por la mañana, a la sombra, el ambiente aún era fresco en la costa, a pesar de que el sol ya lucía en lo alto, más allá de las colinas. A esa hora, la mujer salió de la villa y se dirigió al templo. El mar estaba tranquilo, de color azul pálido, rezumaba una maravillosa frescura, y el viento se había calmado. La espuma blanca de las olas rompía en las rocas y batía contra los guijarros de la pequeña ensenada. Lentamente, la mujer se dirigió hacia su sueño, aunque se daba cuenta de que se había producido una cierta quiebra.

Cuando caminaba por el pequeño istmo rocoso hacia la península y, entre los árboles, ascendía por la pendiente que conducía hasta el templo, apareció un esclavo en sentido contrario, que se quedó de pie y le hizo una reverencia. Su humildad no revelaba más que fingida insolencia.

"¡Habla!" –dijo la mujer.

"Señora, el hombre está todavía ahí, dormido. ¿Puedo decir algo más?"

"¡Habla!" –repitió ella, con disgusto.

"Ese hombre es un malhechor que ha huido."

El esclavo parecía exultante por erigirse en portador de noticias desagradables.

"¿Qué te hace pensar eso?"

"¡Contemplad sus manos y sus pies! ¿Por qué no echáis vos misma una ojeada?"

"¡Guíame hasta allí!"

Rápidamente, el esclavo la condujo por el terraplén del montículo que llegaba hasta el pequeño barranco. Permaneció de pie, mientras la mujer se deslizaba por la hendidura que llevaba a la cueva. Por un momento, sintió los latidos de su corazón, porque, por encima de todo, el templo tenía que ser un lugar inviolable.

El vagabundo estaba dormido, con la mejilla apoyada en el zurrón, y envuelto en su manto. Pero mantenía juntos sus sucios y desnudos pies para darse calor, mientras que una de sus manos le colgaba, apretada, mientras dormía. Y la mujer contempló las cicatrices de la pálida piel de los pies de aquel hombre, normalmente cubiertas por las tiras de las sandalias, así como en la mano dejada a su caer.

No le interesaban los hombres, y menos los que pertenecían a la clase de los siervos. Aun así, contempló aquel rostro dormido, ajado, hundido y, más bien, feo. Pero, como verdadera sacerdotisa, se fijó también en otro tipo de belleza, en la diáfana quietud de aquella vida interior. Incluso apreció una cierta majestad en aquellas cejas oscuras, que se perfilaban contra las inmóviles y maltratadas mejillas. Vio cómo sus largos cabellos negros, al margen de la moda romana, mostraban grises pinceladas en las sienes, mientras algunos pelos canos sobresalían de su barba negra y puntiaguda. Como aquel hombre era joven, aquello sólo podía deberse al sufrimiento o al infortunio, porque su piel morena aún conservaba el brillo argentino de la juventud.

De la delicada fealdad de aquel hombre emanaba la belleza de quien mucho ha sufrido, así como el pausado y atractivo candor de una vida admirable. Por primera vez, se sintió impresionada al ver a un hombre, como si hubiera sentido el roce de la hermosa llama de la vida. Los hombres habían despertado en ella toda clase de sentimientos, pero nunca se había sentido tocada por la mismísima llama de la vida. Regresó hasta la roca en la que aguardaba el esclavo.

"¡Oye! –le dijo–; no se trata de un malhechor, sino de un ciudadano libre procedente de Oriente. No le molestes. Cuando despierte, condúcele hasta mí. Dile que me gustaría hablar con él."

Se expresó con frialdad, porque todos los esclavos le provocaban invariablemente una cierta repulsión: estaban demasiado metidos en su inferior forma de vida, y hasta sus apetitos y escasa conciencia le resultaban un tanto desagradables. Guardó, pues, su sueño para sí, y se dirigió al templo, donde una esclava ya había llevado, para ponerlos en el altar, rosas y jazmines de invierno. Pero, en aquel momento, no se sentía concentrada en su ministerio.

El sol se alzó sobre el montículo. Y, con su más prístina frescura, la luz se derramó chispeante y triunfante sobre la pequeña península costera cubierta de pinos, así como sobre el templo de color rosa. El hombre que había muerto se despertó, y se calzó las sandalias. Se puso el sombrero, se colgó el zurrón bajo el capote y salió al exterior para contemplar el azul y los renovados tonos dorados de aquella mañana. Observó un pequeño narciso blanco y amarillo, que irradiaba alegría entre las rocas. Y vio al esclavo que le esperaba, en actitud amenazante.

"Señor –dijo el esclavo–, nuestra ama desearía hablar con usted en el templo de Isis."

"Está bien" –dijo el hombre errante.

Se puso en marcha, aunque se detenía a veces para mirar el mar azul pálido, como una flor en su imperturbable floración, y las franjas blancas que sobresalían entre las rocas, como níveas inflorescencias que surgieran de las piedras; también las escarpadas y agrisadas pendientes que se apartaban de la costa en dirección ascendente, allí donde había olivos, verdes, si brillaban los trigales jóvenes. Y todo coronado por la pequeña y blanca villa. Todo era hermoso y puro en aquella mañana del mes de enero.

El sol bañaba una de las esquinas del templo, y el hombre se sentó, bajo su luz, en uno de los peldaños, con la actitud de quien espera colmado de infinita paciencia. Había vuelto a la vida, pero no a la misma vida que había dejado atrás, sino a la ordinaria vida diaria de la gente corriente. Tras renacer, estaba en otra vida, en el día con mayúsculas de la conciencia humana. Estaba solo, apartado de la vida normal, sin mezclarse con la gente de a pie. Pero aún no había aceptado el irrevocable *noli me tangere,* que separa del vulgo a aquellos que han vuelto a nacer. Aunque tal abismo era infranqueable, al menos en el templo sintió paz, la paz fuerte y llamativa de los templos paganos, a pesar de la hostilidad de los esclavos, que sentía a sus espaldas.

Procedente del altar, la mujer apareció en la oscura puerta interior del templo, y permaneció de pie, vacilante. Desde allí, observó cómo la oscura silueta del hombre dejaba traslucir algo casi amenazador en su paciente actitud, sentado como estaba, sumido en aquella terrible quietud que a ella le resultaba portentosa.

Avanzó por el atrio del templo, y el hombre, al darse cuenta de que estaba allí, se puso en pie. Ella le habló en griego; pero él le replicó:

"Señora, mi griego es muy limitado. Permitidme que os hable en sirio vulgar."

"¿De dónde viene y adónde va?" –inquirió, con esa apresurada atención de todas las sacerdotisas.

"Vengo de Oriente, de más allá de Damasco, y me dirijo hacia Occidente, a donde me lleve el camino" –le respondió, pausadamente.

La mujer le observó, con ansiedad y recato repentinos.

"¿Por qué tiene las cicatrices típicas de los malhechores?" –le preguntó, con brusquedad.

"¿Acaso la sacerdotisa de Isis me ha espiado mientras dormía?" –recalcó el hombre, con profundo cansancio.

"Un esclavo me comentó algo acerca de sus manos y sus pies" –le contestó.

Él la miró, y le dijo: "¿Me dará licencia la Dama de Isis para despedirme de ella y seguir mi camino?".

Sopló una racha de viento, que le levantó el manto y el sombrero. Se llevó una mano a un ala, momento en el que la mujer contempló de nuevo aquel miembro escuálido y moreno, y la cicatriz.

"¿Ve usted? ¡Una cicatriz!" –le dijo, mientras le señalaba.

"Pues, vaya; me despido –le dijo–, con mi agradecimiento y mi reconocimiento hacia Isis por procurarme un sitio para dormir."

Hizo un gesto como para irse, pero ella le miró con sus maravillosos ojos azules.

"¿No quiere ver a la diosa?" –le preguntó, en un impulso repentino; y algo parecido al dolor se agitó en el interior del hombre.

"¿Dónde está?" –replicó.

"¡Venga!"

Y la siguió hasta el altar que había en el interior, sumido en una casi total oscuridad. Cuando sus ojos se habituaron al tenue resplandor que emitía la lámpara, contempló a la diosa de náutica silueta, altiva en el torbellino de su túnica, y le hizo una reverencia.

"¡Grande es Isis! –exclamó–; más fuerte y grande que la muerte, en su afán de búsqueda. Si maravilloso es un paso así en una mujer, igual de prodigiosa es la finalidad que persigue. Que todos los hombres dirijan a ti sus plegarias, Isis, a ti que representas más de lo que es una madre para el hombre."

La sacerdotisa de Isis le escuchó, y arrojó unos granos de incienso al brasero. A continuación, miró al hombre.

"¿Está usted a gusto aquí? –le preguntó–; ¿ha sentido la presencia de Isis?"

Perturbado, con un gesto de duda, el hombre miró a la sacerdotisa.

"No lo sé" –le contestó.

La mujer ya se había dado cuenta de que aquel hombre era el desaparecido Osiris: lo había sentido en el pálpito de su alma, y experimentaba una intensa agitación. El hombre no se quedó en el sofocante, oscuro y perfumado altar, sino que salió de nuevo al aire fresco de la mañana. Había sentido como si algo se aproximase para rozarle, pero aún sentía la urdimbre del dolor en toda su carne, el fiero mandato del *noli me tangere,* no me toques, que nadie me toque.

La mujer le siguió hasta el exterior, ansiosa y tímida. Él ya se disponía a partir.

"Extranjero, ¡no se vaya! ¡Quédese un rato con Isis!"

El hombre la contempló un momento, y observó su cara, abierta como una flor, como si en su alma hubiese amanecido el sol. Y sintió un aguijoneo en las ijadas.

"No pretenderá retenerme, Hija de Isis" –le contestó.

"¡Quédese! ¡Estoy segura de que usted es Osiris!" –dijo ella.

Súbitamente, el hombre se echó a reír. "¡Todavía no!" –le replicó–. Y observó de nuevo el rostro anhelante de la mujer. "Pero pasaré otra noche en la cueva de las cabras, si Isis así lo quiere" –añadió–. Ella juntó las manos, con el inocente júbilo de todas las sacerdotisas.

"¡Isis estará encantada!" –le respondió.

Con enorme congoja, el hombre descendió hacia la orilla del mar, mientras pensaba: "¿Debo permitir su roce? ¿Debo permitirlo? Por rozarme con ellos, los hombres me torturaron hasta la muerte. Pero esta virgen de Isis es una dulce llama que sana. Soy curandero y, sin embargo, no poseo dotes que puedan compararse con la llama que brilla en esta delicada joven. ¡La llama de tan delicada mujer! ¡Igual que el primer y pálido azafrán que nace en primavera! ¿Cómo he podido permanecer ciego a la curación y al embeleso del cuerpo azafranado de una dulce mujer? ¡Oh, suavidad! ¡Más terrible y amable que la muerte que padecí!".

Abrió algunos moluscos de roca, y los comió con gusto, maravillado de su sencillo sabor a mar. Pero, en su fuero interno, estaba inquieto, y se decía: "¿Me atreveré a sentir ese roce, que va más allá de la muerte? Consentí en que me pusieran las manos encima y me matasen. Pero, ¿osaré sentir el delicado roce de la vida? ¡Es tan duro!".

De vuelta ante el altar, la mujer permaneció sentada en el arrebato de sus meditaciones durante largas horas, sin dejar de contemplar el agitado paso de la diosa anhelante, sin dejar de mirar el ombligo de aquel vientre que, con forma de capullo, era como el sello de su búsqueda ansiosa, virginal. Y se entregó a aquel femenino caudal, al impulso de la Isis Escudriñadora.

Al atardecer, la mujer fue hasta la península a buscarle. Y se dio cuenta de que el hombre había caminado en dirección al sol, igual que había hecho ella el día anterior, y de que estaba sentado sobre unas agujas de pino, a los pies del mismo árbol en donde ella se encontraba cuando le había visto por vez primera. Temerosa y lentamente, se aproximó, por miedo de que él no la desease. Oculta, permaneció un rato cerca de él, hasta que, de pronto, el hombre alzó la vista hacia ella por debajo de su ancho sombrero, y contempló el sol poniente que se reflejaba en sus cabellos despeinados. Aunque la esperaba, estaba sorprendido.

"¿Es aquélla vuestra casa?" –le preguntó, mientras señalaba la villa blanca y de una planta, que se encontraba en la ladera de los olivos.

"Es la casa de mi madre. Es viuda, y yo soy su única hija."

"¿Y todos ésos son esclavos vuestros?"

"Excepto los que son sólo míos."

Sus miradas se cruzaron un instante.

"¿Soléis sentaros para contemplar el ocaso?" –dijo el hombre.

No se había puesto en pie para hablar con ella. Ya había pasado por bastantes quebrantos. La mujer se sentó sobre las pardas agujas de pino, y se alisó el manto amarillo que llevaba en torno a las rodillas. Desde el brillante mar abierto hasta las aguas oscuras de la bahía, se acercaba una embarcación; unos cuantos esclavos izaban unas pequeñas redes, y su parloteo llegaba por encima del ruido de las olas.

"Así que ésa es vuestra casa" –comentó el hombre.

"Estoy al servicio de Isis Escudriñadora" –le respondió ella.

Él la miró: era como una delicada nube contemplativa y remota. Y su alma se afligió, movida por la pasión y la compasión.

"Ojalá encontréis lo que buscáis" –le dijo, con repentina seriedad.

"¿No es usted Osiris?" –le preguntó, y él se sonrojó al instante.

"Lo seré, si me sanáis –contestó–; porque todavía siento la exclusión de la muerte sobre mí, y no puedo huir de ella."

Asustada, ella le contempló un momento, a la delicada luz azul de sus ojos. Luego, inclinó la cabeza, y los dos permanecieron en silencio, bajo la calidez y el resplandor del sol poniente. Allí estaban, el hombre que había muerto y la mujer de la más afanosa búsqueda.

El sol se hundía en el mar en todo su maravilloso esplendor invernal, y se derramaba sobre los cuerpos desnudos y centelleantes de los esclavos que, con sus anchas nalgas rubicundas y sus cabezas pequeñas y negras, corrían a depositar las redes en la playa pedregosa. Pan, el que todo lo tolera y al que siempre considerarían como su dios, velaba por ellos. La mujer se puso en pie, cuando el borde la esfera solar se sumergía ya en el agua, y dijo:

"Si decide quedarse, le enviaré algunos víveres y ropas."

"Y, ¿qué dirá vuestra señora y madre?"

La mujer de Isis le miró con extrañeza, sin ocultar un cierto recelo.

"Eso es cosa mía" –replicó.

"Está bien" –contestó él, con una sonrisa forzada, porque presentía dificultades.

La contempló mientras se alejaba, sumida en una insólita y concentrada emoción, con su oscura y rubia cabeza ladeada, mientras el lino blanco de la túnica ondeaba sobre sus tobillos marfileños. Observó también cómo la miraban los esclavos desnudos, no sin deseo, aunque con cierto desdén. Absorta, cruzó la entrada del cercado que daba a la bahía.

El hombre que había muerto se sentó a los pies del árbol desde donde se dominaba la arena; en aquella minúscula zona de costa, pasaba de todo. En el arroyuelo que corría a la vera de uno de los extremos de la cerca de la finca, unas esclavas lavaban ropa en el remanso de un pequeño y oscuro pozo y, de vez en cuando, se oían hueros chasquidos de telas al ser golpeadas contra las pulidas rocas. En el aire, flotaba un cierto olor a aceitunas podridas y, a veces, se percibía el sordo rumor de una muela que, situada en el interior del huerto, trituraba los frutos del olivo, así como la voz del esclavo que se encargaba del asno que movía aquella piedra. En el portalón, apareció una mujer de cabellos grises con un manto de lana, blanquecino, seguida por un hombre, con toga y cabeza descubierta: un romano; probablemente, el mayordomo o el capataz. Permanecieron de pie en el pedregal de la playa, y echaron una rápida ojeada a su alrededor. Esclavos de poderosas nalgas y cuerpos rubicundos se inclinaban y afanaban sobre las redes, para adecentarlas; las lavanderas daban manotadas enérgicas a la ropa que lavaban; en la misma orilla, un viejo esclavo permanecía absorto, y limpiaba los peces y los pólipos que habían atrapado. De un solo vistazo, la mujer y el capataz contemplaron toda aquella actividad. Pero también vieron, sentado al pie de un árbol que crecía entre las rocas del terreno, a un hombre desconocido, silencioso y solitario. Y el hombre que había muerto enseguida se figuró que hablaban de él. Más allá del pequeño universo sagrado de aquella península, contempló el mundo normal, y sintió cómo todavía le era hostil.

El sol acariciaba ya el mar, mientras a lo largo de la pequeña bahía se extendía la sombra que proyectaba el promontorio con forma de joroba. En la playa de piedras, fría y azul en la umbría, la mujer mayor dio unos pasos cansados, sin abandonar las sombras, para contemplar los peces que contenía la nasa del anciano que estaba inclinado a la orilla del agua: era un viejo esclavo, desnudo, de caderas y hombros redondeados, en cuyo pálido cuerpo anaranjado se reflejaban los últimos rayos del sol antes de apagarse.

Absorto, el esclavo continuó con la limpieza del pescado, sin levantar la vista, como si la señora formara parte de la sombra del ocaso que le rodeaba.

Por el portalón, hicieron su aparición dos esclavas con cestos aplanados en la cabeza; en uno de ellos, había una tinaja de barro cocido para el vino y una jarra de aceite, ligeramente inclinadas ambas. Las muchachas se llegaron hasta la playa pedregosa, al borde del cercado; a la luz del atardecer, la mujer de Isis, con su manto azafranado, las seguía. En el mar, todavía se reflejaban algunos rayos de sol; pero, por donde caminaban, ya imperaban las sombras. La madre de cabellos grises no se movió de la orilla del agua, mientras contemplaba a su hija, de amarillo y blanco, con su pelo rubio y oscuro, que andaba sin mirar y sin prestar atención a su alrededor, tras las esclavas, en dirección al istmo rocoso de la península. Sin moverse de donde se encontraba, la mujer mayor observó la reducida comitiva que ascendía por el montículo, entre los árboles, hasta que desaparecieron tras el follaje. Entonces, dirigió de nuevo su mirada a los pies de aquel árbol, donde el hombre que había muerto seguía sentado, aunque casi invisible porque ya no le daba la luz del sol, que sólo relumbraba en la lontananza del mar. Ya se hacía de noche. ¡Paciencia! ¡Todos estamos en manos del destino!

La madre avanzó con esfuerzo y con paso recio por las piedras de la playa, no lentamente, absorta y en éxtasis, como su hija, sino con zancadas cortas y resueltas. Al instante, por las rocas de enfrente aparecieron dos esclavos con unos enormes bultos de color verde oscuro sobre los hombros; sus piernas, fuertes y desnudas, brillaban como patas de insectos; la carga les ocultaba la cabeza. Ya corrían por la playa, descuidados y ajenos a todo, cuando, de pronto, el hombre que parecía romano, el capataz, les dio una voz y se detuvieron en seco. Aun así, seguían igual de invisibles bajo sus fardos, como si hubieran desaparecido por completo. Súbitamente, apareció una mano que señalaba en dirección a la península. Y los dos esclavos, con su verde carga, apretaron el paso hacia el recinto del templo. La mujer de cabellos grises se acercó hasta donde estaba el encargado y, lentamente, los dos juntos volvieron a cruzar el portalón que conducía del pedregal a orillas del mar hasta la propiedad en la que se alzaba la villa. Se incorporó, entonces, el viejo esclavo de formas redondeadas, pálido perfil recortado contra las sombras, con su cesto de peces; lo mismo hicieron las mujeres, en el remanso, oscuras y vivarachas, mientras hacían montones con la ropa mojada y los colocaban en capazos planos; otro tanto hicieron los esclavos que estaban dedicados a limpiar las redes, tras recoger las blanquecinas mallas. Y así se congregó un grupo de personas desnudas en el umbral del portalón: el viejo esclavo, con la nasa de peces al hombro; las esclavas, con las cestas repletas de ropa mojada en la cabeza; los dos esclavos, con las redes recogidas; un esclavo, con unos remos al hombro, y un muchacho, con una vela plegada bajo el brazo. Hasta el hombre que había muerto llegaba el murmullo de su cháchara. A medida que el soplo del viento se tornaba más frío, se dispusieron a cruzar el umbral.

Era la vida ordinaria de cada día, la vida de la gente corriente. Y el hombre que había muerto pensó: "A menos que la integremos en los días con mayúsculas, y que la vida normal llegue a situarse en el círculo de la vida, también con mayúsculas, todo será un desastre".

La negrura ya se cernía incluso sobre las cimas de los montículos. Y sólo brillaba la luz, allá arriba, en el cielo. El mar era como una vasta sombra lechosa. Algo entumecido, el hombre que había muerto se puso en pie, y se internó en la arboleda.

En el templo, no había nadie. Se dirigió a su refugio, en las rocas. Los esclavos habían retirado el brezo viejo, habían barrido el suelo y habían dispuesto con gusto mirto, brezo fuerte, otro más mullido encima y brezo florido como remate, hasta conseguir un lecho digno. Como cobertor, habían extendido una piel blanca de vaca, bien curtida. A la entrada de la gruta, las esclavas habían dejado unas mantas de lana dobladas, la tinaja de vino, la jarra de aceite, un vaso de barro y una cesta, con pan, sal, queso, higos secos y huevos, todo en perfecto orden. También había un pequeño hornillo de carbón vegetal. En un abrir y cerrar de ojos, la cueva se había convertido en un lugar habitable, acogedor.

La mujer de Isis permanecía de pie, al lado del remanso que formaba el pequeño manantial. Sólo había espacio suficiente para que pasase un esclavo cada vez. Las esclavas esperaban en el arranque del angosto paso. Cuando apareció el hombre que había muerto, la mujer despidió a las esclavas. Los esclavos continuaron con los arreglos de la cama, y prolongaban el trabajo lo más que podían. Pero la mujer de Isis les ordenó que se fuesen. Y el hombre que había muerto se acercó para ver su morada.

"¿Le parece bien?" –le preguntó la mujer.

"Perfecto –contestó el hombre–; pero una señora, vuestra madre, y un hombre que es, sin lugar a dudas, el capataz, observaron atentamente a los esclavos que traían todas estas cosas. ¿No se mostrarán contrarios a vuestra decisión?"

"¡Soy dueña de mi parte! ¿Acaso no puedo dar lo que me pertenece? ¿Quién osaría oponerse a mí y a los dioses?" –replicó la mujer, con furia tranquila, no exenta de irritación–. De lo que el hombre dedujo que a la madre no le parecería bien, y que el espíritu de la vida corriente habría de enfrentarse al de la vida con mayúsculas. Y pensó: "¿Por qué habrá renunciado esta sacerdotisa de Isis a su porción del mundo normal? ¡Debería haber defendido lo que es suyo con uñas y dientes!".

"¿No va a comer ni a beber nada? –le comentó–; hay huevos templados en las brasas. Me voy a cenar a la villa, pero durante la segunda hora de la noche, volveré al templo ¿Piensa acercarse también al santuario de Isis?" Le miró un instante, mientras un extraño resplandor dilataba sus ojos: aquél era su sueño, más grande que ella misma. El hombre no soportaba disgustarla o herirla en nada, ni en lo más mínimo, porque la mujer se encontraba en la plenitud del misterio de su feminidad.

"¿He de esperar en el templo?" –le preguntó.

"Aguarde a la segunda hora de la noche; será entonces cuando llegue." El hombre prestó atención al murmullo suplicante de aquella voz, y sus fibras se estremecieron.

"¿Y vuestra madre?" –le consultó, con delicadeza.

La mujer le miró, sorprendida. "No me lo impedirá" –le respondió.

Y él supo que la madre trataría de impedírselo, porque la hija había dejado sus posesiones en sus manos, y se aferraría a ellas con todas sus fuerzas.

La mujer se fue, y el hombre que había muerto se reclinó en el lecho, comió los huevos que estaban en las brasas, mojó el pan en el aceite y lo engulló, porque su cuerpo aún estaba enjuto. Mezcló vino con agua, y bebió. Y se quedó tumbado en silencio, a la luz macilenta de un candil.

Se sentía absorbido y atrapado por sensaciones nuevas. La mujer de Isis le resultaba encantadora, no tanto en las formas, como por la maravillosa feminidad que de ella emanaba. Soles de más allá de otros soles la habían sumergido en un misterioso fuego, en el recóndito ardor de la fortaleza femenina, y rozarla era como ponerse en contacto con el sol. Pero lo mejor de todo era el cálido deseo que mostraba por él, dulce y silencioso, como la luz solar.

"Es como un sol para mí –se dijo, mientras estiraba sus extremidades–; nunca había desperezado mis miembros al sol de un deseo como el que ella siente por mí. Sólo el más grande de todos los dioses ha podido concederme una cosa así."

Pero, al mismo tiempo, le perseguía el temor al mundo exterior. "Si pueden, nos matarán –pensó–; pero hay una ley solar que nos protege." Y caviló: "He resucitado desnudo y marcado. Si mi desnudez basta para tener una relación con ella, no habré muerto en vano, porque, antes, estaba embarullado".

Se puso en pie y salió. La noche era fría y estrellada, una magnífica noche de invierno. "Hay destinos llamados a ser esplendorosos –increpó a la oscuridad–, tras tantos episodios de insignificancia, humildad y dolor."

Caminó en silencio hasta el templo, y aguardó en la oscuridad, en el interior, apoyado contra una pared, sin dejar de contemplar la noche blanquecina, las estrellas y la silueta de los árboles. Y pensó de nuevo: "Hay destinos llamados a resplandecer; existe un poder superior".

Por fin, distinguió la luz ondulante y mortecina de la lámpara de la mujer, que oscilaba de forma intermitente entre los árboles, hasta que brilló con toda claridad. De cerca, comprobó que venía sola, gracias al resplandor que se reflejaba delicadamente en el dobladillo de su manto. Mientras temblaba de miedo y de gozo, pensaba: "Estoy casi más asustado ante este conocimiento que lo estaba ante la muerte. Porque estoy más desnudamente expuesto a él".

"Aquí estoy, dama de Isis" –dijo, en voz baja, a la oscuridad.

Ella dejó escapar un grito de temor, pero también de arrobamiento, porque ya se sentía entregada a su sueño.

Abrió la puerta que daba al santuario, y él la siguió. Tras su paso, ella empujó la puerta para entornarla. En el interior, el aire era cálido, íntimo, perfumado. El hombre que había muerto se quedó cerca de la puerta arrimada, y contempló a la mujer. Ella fue la primera en acercarse hasta la diosa. Casi en penumbra, se hallaba la dinámica estatua de la deidad, revestida de cierta aprensión, como la poderosa incitación de una femenina presencia.

La sacerdotisa no miró al hombre. Se despojó de su manto azafranado, y lo depositó en un asiento bajo. En la penumbra, tenía los brazos desnudos, aunque conservaba la túnica ceñida. Pero todavía trataba de ocultarse a los ojos de él. El hombre permanecía en las sombras, y observaba cómo ella aventaba el brasero para quemar incienso. Tenues vaharadas de un dulce aroma impregnaron el aire. Se volvió hacia la estatua, según el ritual de acercamiento: se balanceó ligeramente hacia delante, con ligeros tumbos, como una barca amarrada, al tiempo que se inclinaba ante la diosa.

Contempló a aquella mujer tan singularmente transportada, y pensó para sí: "Debo dejarla a solas en su éxtasis, con sus femeninos misterios". Ella continuó con sus reverencias, al ritmo de aquel extraño balanceo, siempre en dirección a la diosa. A continuación, musitó unas palabras en griego, que él no comprendió. Con los susurros, amainó aquel mecimiento, igual que una barca cuando crece la marea. Y mientras la observaba, contempló el alma de la mujer, en toda su soledad, en su femenina diferencia. Y pensó: "¡Cuán diferente es de mí, qué distinta! Está asustada de mí, y de mi masculina diferencia. Con todo, se desnuda y se libera de sus miedos. ¡Cuán sensible y dulcemente viva se muestra, con esa vida tan diferente de la mía! ¡Qué hermosa en su suave y peculiar osadía frente a la vida, tan diferente de mi valentía ante la muerte! ¡Es maravillosa, como el capullo de una rosa o el centro de una llama! Se torna completamente penetrable. ¡Qué horror sería no corresponderla o abusar de ella!".

La mujer se volvió hacia él, con el arrebol de la diosa en su rostro.

"Usted es Osiris, ¿no es así?" –le preguntó, con ingenuidad.

"Si así lo deseáis" –le respondió él.

"¿Permitirá que Isis dé con usted? ¿No se le escabullirá?"

El hombre contempló a la mujer, casi sin respiración. Y todas sus heridas, especialmente la herida mortal, comenzaron a gemir de nuevo en su vientre.

"Me dolió tanto –le dijo–. Habréis de perdonarme, si percibís alguna vacilación en mí."

Se despojó de capote y túnica, y avanzó, desnudo, hacia el ídolo, mientras su pecho jadeaba de repentino terror ante aquel abrumador dolor, ante el recuerdo de tan estremecedor sufrimiento, una aflicción demasiado amarga.

"¡Me mataron!" –exclamó, como si buscase una excusa, al tiempo que volvía su rostro hacia ella durante un instante.

Y la mujer contempló el fantasma de la muerte en su interior, mientras lo tenía delante, escuálido y en cueros; de repente, se sintió aterrorizada, agredida: había percibido la sombra de las alas grises y horripilantes de la muerte triunfante.

"¡Oh, diosa" –suplicó él, en su lengua–, me haría tan feliz vivir de nuevo, si fueras capaz de enseñarme cómo!"

Porque se sentía desgarrado, una vez más, entre las ganas de vivir y el todavía pesado fardo de su muerte.

"¡Déjeme consagrarle! –dijo la mujer, con suavidad–; ¡permítame que unja sus heridas! ¡Muéstremelas, y se las ungiré!"

En su viejo dolor rememorado, olvidó su desnudez. Se sentó al borde de un banco, y la mujer vertió un poco de aceite en la palma de la mano del hombre. Y mientras ella le frotaba la mano, revivió todo: los clavos, los boquetes, la crueldad, el injusto ensañamiento con él, que sólo había mostrado benevolencia. Y revivió la agonía de la injusticia y de la crueldad, como en el momento de su muerte. Pero ella le frotaba la palma de la mano, sin dejar de musitar: "Lo que estaba desgarrado se convertirá en una nueva carne; lo que está quebrantado retorna a la vida; esta herida no es sino un capullo de violeta".

Él no pudo evitar una sonrisa ante la ingenua concentración de la sacerdotisa. Tal era su sueño, y él no era más que el objeto de su ensoñación. Nunca sabría ni comprendería qué era él; nunca se daría cuenta, sobre todo, de la muerte que le había antecedido. Pero, ¿qué más daba? Ella era diferente: era una mujer, y su vida y su muerte eran distintas de las de él. Y era buena para con él.

Cuando ella le ungió los pies con aceite, y prosiguió con sus delicados ademanes curativos, no pudo abstenerse de hacer un comentario: "Una vez, una mujer me lavó los pies con sus lágrimas, los secó con sus cabellos y derramó sobre ellos un carísimo perfume".

La mujer de Isis alzó la cabeza, e interrumpió su concienzuda tarea.

"¿Le dolían los pies?" –le preguntó.

"No, no. Era cuando todavía los tenía bien."

"¿La amaba?"

"Ella estaba más allá del amor. Sólo quería entregarse –le replicó–, porque había sido prostituta."

"¿Y le permitió que lo hiciese?"

"Sí."

"¿Le permitió que le entregase los restos de su amor?"

"Así es." Pero, de repente, cayó en la cuenta: "Pedí a todos que me entregasen los restos de su amor. Y al final sólo pude ofrecerles el cadáver del mío. Esto es mi cuerpo; tomad y comed... de mi cadáver".

Sintió una profunda vergüenza. "Después de todo –pensó– quería que me amasen con sus cuerpos muertos. Si hubiera besado a Judas con amor vivo, quizá él no me hubiera devuelto el beso de la muerte. A lo mejor me amaba en carne y hueso, y yo buscaba que me amase incorpóreamente, con el cadáver de su amor."

Y sus ojos se abrieron a la realidad del dulce y cálido amor contenido en el conocimiento, tan lleno de delicias. "Y les dije, bienaventurados los que sufren. Si me quejase por causa de esta mujer, es que sigo en brazos de la muerte y debería seguir muerto. Pero quiero vivir sobre todo. La vida me ha conducido hasta esta mujer de acariciantes manos. Y, en este momento, el contacto con ella significa, para mí, mucho más que todo lo que dije. Porque quiero vivir."

"¡Acérquese a la diosa!" –le dijo ella, con voz queda, al tiempo que le empujaba hacia Isis con suavidad.

Aturdido y desnudo, permanecía allí, como algo no nacido, y oyó cómo la mujer musitaba algo a la diosa, un murmullo que encerraba un ruego lastimero. Se inclinó para mirar la cicatriz en la delicada carne del intersticio de su costado, profunda, similar a un ojo irritado por interminables lágrimas, en la suave curva donde arrancaba la cadera. Por ahí se le había ido la sangre y el fluido vital. La mujer temblaba suavemente, y murmuraba algo en griego. Mientras que él, sumido en la recurrente consternación de haber muerto y en la angustiosa perplejidad de haber tratado de forzar la vida, sintió el penetrante lamento de sus heridas, así como los alaridos de las profundidades de su cuerpo. "Fui asesinado, y yo mismo propicié el asesinato. Me asesinaron, pero yo mismo me presté al crimen."

En silencio, pero temblorosa, la mujer vertió un poco de aceite en su mano, y llevó la palma hasta aquella herida del costado derecho. Él se estremeció, y la herida absorbió la vida de nuevo, como en millares de anteriores ocasiones. En la oscuridad, en el atroz dolor y el pánico de su conciencia tan sólo resonó un grito: "¿Cómo podrá sacarme ella la muerte? ¿Cómo hará para apartar de mí esta muerte? ¡Jamás sabrá cómo hacerlo! ¡Nunca lo entenderá! ¡Nunca podrá vencerla!".

Sin decir nada, ella frotaba cadenciosamente la herida con el óleo. Concentrada en sus funciones sacerdotales, aunaba energía y suavidad, mientras los órganos vitales del hombre aullaban de pánico. Pero a medida que ella concentraba esa fuerza, y le ceñía como un cinturón hasta llegar a la cicatriz del otro lado, una sensación gradual de calidez empezó a ganar el terreno a aquel gélido terror, y sintió: "¡Volveré a tener calor otra vez, volveré a sentirme entero! Seré cálido como la mañana. Seré un hombre. No es preciso entender nada; sólo es algo nuevo. Ella me aporta algo nuevo".

Y escuchó el débil e incesante lamento angustioso de sus heridas, como si en adelante ya sólo fuera a hacer oír su voz por debajo del horizonte de su conciencia. El gemido era cada vez más apagado, más mortecino. Pensó en la mujer que se afanaba sobre él: "¡No lo sabe! No percibe la muerte en mí. Pero goza de otra forma de conciencia, puesto que viene hasta mí desde el otro extremo de la noche".

Tras haber frotado con aceite la parte inferior de su cuerpo y haberlo acariciado con solemne intensidad sacerdotal, que hizo que el clamor de sus heridas se debilitase todavía más, la mujer apoyó su pecho contra la llaga del costado izquierdo del hombre, y le rodeó con sus brazos hasta tocar la del lado derecho. Y le atrajo contra ella con la fuerza de un calor vivo, como los meandros de un río. Y el lamento desapareció al instante, y sólo había quietud y oscuridad en su alma, una sosegada y oscura quietud, en plenitud.

Lentamente, muy despacio, en la perfecta oscuridad de su hombre interior, sintió que se producía una conmoción, un amanecer, un nuevo sol. Un nuevo astro nacía en él, en la perfecta y profunda oscuridad de su interior. Y aguardó, mientras contenía la respiración, estremecido, en temblorosa esperanza. "Ahora no soy yo. Soy algo nuevo."

Y a medida que crecía esa sensación, con un soplo frío de desagrado, sintió cómo cedía la presión del abrazo de la mujer viva, y cómo se quedaba en cueros. Agotada, se acurrucó a los pies de la diosa, y ocultó su cara.

Se inclinó, y posó, delicadamente, su mano sobre aquel hombro cálido y brillante, y le traspasó una llamarada de deseo. Y aquel ardor se repitió, de forma que llegó a preguntarse si no se trataba de otra clase de muerte, debida en este caso a aquella magnificente perfección.

En aquel momento, toda su conciencia estaba del lado de aquella mujer agazapada, escondida. Se agachó a su lado, y la acarició dulcemente, a ciegas, mientras murmuraba sonidos inarticulados. Su muerte y el sacrificio de su pasión no representaban ya nada para él en aquel instante. Sólo percibía la recóndita plenitud que emanaba de aquella mujer allí agachada, la dulce y blanca piedra de la vida... "Y sobre esta piedra edificaré mi vida." ¡La interiormente plegada y penetrable piedra de aquella mujer viva, la misma que ocultaba su rostro! Mientras, él se inclinaba sobre ella, vigoroso, renovado, como un amanecer.

Se inclinó hasta donde estaba ella, y sintió la llamarada de su hombría, de su vigor, el impulso de sus ijadas, en toda su magnificencia.

"¡He resucitado!"

Esplendoroso, junto al irrefrenable ardor procedente de sus entrañas, apareció su propio sol, que irradiaba calor a todos sus miembros, hasta el punto de que, sin percatarse de ello, su cara se tornó resplandeciente.

Desató el cordel que ceñía la túnica de lino de la mujer, y dejó caer aquella prenda hasta que contempló el brillo lechoso de sus pechos, delicadamente dorados. Los tocó, y sintió que la vida se le derretía. "¡Padre! –exclamó–; ¿por qué me ocultaste estas cosas?" La tocó de nuevo con intensa admiración, con la maravillosa y traspasadora trascendencia del deseo. "¡Vaya! –se dijo–; esto va más allá de la oración." Era la profunda, la intrincada, la vívida y penetrable calidez de la mujer, el corazón de la rosa. "¡Mi mansión se halla en la calidez de los recovecos de esta rosa, y mi alegría en esta floración!"

Y la conoció, y fue uno con ella.

Más tarde, en su ofuscada admiración, ella tocó las enormes cicatrices de sus costados con la punta de los dedos, y preguntó:

"¿Ya no le duelen?"

"Son como soles –le respondió–. Y su brillo procede de vuestra impronta. Son mi expiación para con vos."

Cuando abandonaron el templo, reinaba el fresco que precede al alba. Al cerrar la puerta, el hombre contempló de nuevo a la diosa, y exclamó: "¡Sin duda, Isis es una diosa amorosa y llena de ternura! De corazón cálido son los grandes dioses, y cuentan con enternecedoras diosas".

La mujer se envolvió en su manto, y regresó a su casa en silencio, sin ver nada, meditabunda, como el loto que clamaba suavemente de nuevo, con su dorado interior lleno de una nueva vida. No veía nada, porque sus propios pétalos eran como una vaina que la recubría. Sólo pensaba: "Estoy colmada de Osiris. ¡Estoy repleta de Osiris resucitado!".

El hombre contempló las relucientes estrellas, heraldos del amanecer, a medida que se precipitaban al mar, así como los tonos verdosos de la constelación del can al borde del agua. Y pensó: "¡Cuánta plasticidad, cuántas curvas y pliegues, como la aparición de una rosa invisible, de pétalos oscuros, moteados de gotas de rocío! Plenitud mayor que todos los dioses, que se balancea a mi alrededor y de la que formo parte, la gran rosa del Espacio. Soy como una partícula de su aroma, y la mujer, un átomo de su belleza. El mundo es como una flor de innumerables oscuridades con forma de pétalo, y yo formo parte de su perfume, como una pincelada".

En la absoluta quietud y plenitud de aquel pálpito, se quedó dormido, en la gruta, hasta que amaneció. Tras el alba, el viento sopló más fuerte y trajo una tormenta de fría lluvia. En la deliciosa paz de su ser en comunión, permaneció en su refugio, y disfrutó al oír el mar y las gotas de lluvia que caían sobre la tierra, al ver un narciso blanco y amarillo, arqueado por el agua. Y se dijo: "Ésta es la gran reconciliación: el ser en comunión; el mar gris y la lluvia, el narciso empapado y la mujer a la que espero, la invisible Isis y el sol no contemplado. Todo está en comunión, a la vez".

Esperó a la mujer en el templo; ella llegó bajo la lluvia. Y le dijo:

"Permítame que permanezca a solas con Isis. Espero que venga a verme en la segunda hora de la noche. ¿Lo hará?"

Y el hombre regresó a la gruta, y se tumbó en el silencio y en el gozo de estar en comunión, a la espera de la mujer que llegaría con la noche, para consumar de nuevo el conocimiento. Y cuando cayó la noche, apareció la mujer, radiante, porque también ella anhelaba aquel contacto, la unión con él, lo más íntima posible.

Y así pasaron días y se fueron noches, y llegaron nuevos días, y el contacto se realizaba por completo y a la perfección. Y él pensó: "No voy a preguntarle nada, ni siquiera su nombre, porque hasta eso podría apartarla de mí".

Y ella se dijo para sí: "Es Osiris. No deseo saber nada más".

Pasado el tiempo de los narcisos, llegó el momento de los ciruelos en flor; las anémonas iluminaron la tierra, y desaparecieron; el aroma de los campos de judías impregnaba el aire. Todo había cambiado: la floración del universo había mudado sus pétalos; la estación había dado un vuelco. La primavera lucía en todo su esplendor; se había establecido un contacto; el hombre y la mujer estaban saciados; todo indicaba que había llegado el momento de partir.

Un día, cuando el sol de la mañana más calentaba, bajo el dulce aroma de los pinos, cuando por las colinas ya comenzaban a dispersarse las flores de los perales, el hombre se reunió con la mujer bajo los árboles. Pausadamente, ella se acercó a él, y percibió que se había producido un cambio en ella por su suave balanceo, por su tierna resistencia a llegarse hasta él.

"¿Has concebido?" –le preguntó.

"¿Por qué lo dices?" –repuso ella.

"Porque pareces un árbol, lleno de savia, cuyas hojas verdes aparecen tras la floración. Porque noto un cierto abandono."

"Así es" –contestó ella–. "Estoy encinta de ti. ¿Te parece bien?"

"Sí –dijo él–. ¿Cómo no habría de parecerme bien? Por eso ya no se oye el ruiseñor al fondo del valle. Pero, ¿dónde parirás al niño? Porque yo no tengo nada, salvo la vida."

"Nos quedaremos aquí" –respondió ella.

"¿Y tu señora y madre?"

Una sombra cruzó la frente de la mujer, que no respondió nada.

"¿Qué pasará cuando se entere?" –preguntó él.

"Ya empieza a darse cuenta."

"¿Buscará hacerte daño?"

"No podrá. Lo que tengo es mío por completo. Además, mi gestación es fruto de Osiris... Pero tú, guárdate de los esclavos."

Ella le miró, y la ansiedad perturbó un instante la paz de la maternidad.

"Que tu corazón no se inquiete –repuso él–; ya he pasado por la muerte una vez."

Supo así que había llegado de nuevo la hora de partir, y que se iría solo, con su destino. Aunque no en completa soledad, porque aquella comunión permanecería a su lado, incluso si se veía obligado a abandonarla junto con ella. Invisibles soles le harían compañía.

Tenía que irse. Porque, en aquella dársena, la vida normal, regida por celos y propiedades, recuperaba su preponderancia, al tiempo que perdían fuelle los soles de la apasionada fecundidad. En nombre del derecho de propiedad, la viuda y sus esclavos pretenderían cobrarse el pan que había comido, así como la relación que había entablado con la mujer a la que había colmado. Pero exclamó: "¡No lo harán dos veces! ¡No profanarán la unión que llevo dentro! ¡Mi agudeza contra la suya!".

Observó con cuidado, y se dio cuenta de que conspiraban contra él. Abandonó la pequeña gruta, y dio con otro refugio, una diminuta cala de arena seca, oculta bajo las rocas, a la orilla del mar. Y dijo a la mujer:

"Debo irme enseguida. Noto que los esclavos me buscan las cosquillas. Pero soy un hombre, y el mundo es ancho. Lo que existe entre nosotros dos es bueno, y está asentado. Queda en paz. Cuando por la noche se oiga de nuevo el ruiseñor en el fondo del valle, regresaré, tan puntual como la primavera."

Ella respondió: "¡No te vayas! Quédate conmigo en la otra mitad de la isla. Construiré una casa para los dos, bajo los pinos, al lado del templo. Viviremos alejados de ellos".

Pero se daba cuenta de que él tenía que irse; incluso deseaba el frío del propio aire que la rodeaba para verse libre de la angustia que sentía.

"Si me quedo –añadió él–, me traicionarán a los romanos y me llevarán ante sus jueces. Pero no dejaré que nadie me traicione otra vez. Cuando me haya ido, vivid en paz, tú y el niño que nazca, mientras crece. Regresaré de nuevo, porque todo lo que hay entre los dos es bueno, estemos cerca o separados. Igual que los soles llegan con las estaciones, así regresaré yo."

"No te vayas todavía –suplicó ella–: he apostado a un esclavo para que vigile en el istmo de la península. No te vayas todavía, al menos no hasta que la amenaza sea evidente."

Pero una tranquila y silenciosa noche en que reposaba en la recogida cala, sintió el suave chapoteo de unos remos y el golpe seco de una barca contra las rocas. Se movió con cautela para escuchar, y oyó al capataz romano que decía:

"Vayamos sigilosamente hasta la madriguera de cabras. Una vez allí, Lisipo arrojará la red sobre el malhechor mientras duerme. Lo conduciremos ante la justicia, y la sacerdotisa de Isis no sabrá nada de todo esto...."

El hombre que había muerto olió la carne de los esclavos aceitados y desnudos, así como el tenue perfume del romano. Se deslizó hasta la orilla del agua. En el bote, estaba sentado uno de ellos, inmóvil, con los remos en las manos. El mar estaba tranquilo. El hombre que había muerto le conocía. Y desde la profunda grieta de una roca, dijo, con voz clara:

"¿No eres tú aquel esclavo que poseyó a una muchacha bajo la mirada de Isis? ¿No eres el mismo joven? ¡Habla!"

Aterrorizado, el joven se puso en pie sobre la barca. Con el movimiento, hizo que el bote chocase contra una roca, y el esclavo echó a correr muerto de miedo y huyó por las peñas. Rápidamente, el hombre que había muerto se apoderó de la embarcación, se subió a ella y la empujó. Los remos aún conservaban el desagradable calor de unas manos serviles. Pero él los empuñó despacio, y dio impulso para unirse a la corriente que fluía junto a la costa, y que le arrastraría en silencio. En contraste con la noche estrellada, aquella alta ribera se mostraba completamente oscura. No se veía ningún resplandor procedente de la península. La sacerdotisa ya no iba hasta allí por las noches. Y el hombre que había muerto remó lentamente, siguió la corriente y rió para sus adentros: "He sembrado la semilla de mi vida y de mi resurrección; he dejado mi huella para siempre en la mujer que elegí, y llevo su perfume en mi carne, como esencia de rosas. En mi edad mediana, la quiero. Pero la serpiente dorada y sinuosa se desliza de nuevo para dormitar en las raíces de mi árbol. Que la barca me lleve. Mañana será otro día."

Se terminó de imprimir en
Artes Gráficas Piscis S.R.L., Junín 845,
(C1113AAA) Buenos Aires, Argentina.
Mes de Marzo de 2005